仮想通貨革命で働き方が変わる

「働き方改革」よりも大切なこと

The Virtual Currency Revolution Will Change the Way We Work

野口悠紀雄
Yukio Noguchi

ダイヤモンド社

はじめに　先端産業にはそぐわない日米の働き方政策

政策のなかで「人々の働き方」が重要なテーマに

日本でもアメリカでも、政府の政策のなかで「人々の働き方」が重要なテーマとなっている。日本では、安倍晋三政権が「働き方改革」を進めている。これは政府の成長戦略のなかで重要な地位を占めており、２０１７年3月には、「働き方改革実行計画」が取りまとめられた。ここでは、同一労働同一賃金など非正規雇用の処遇改善、賃金引き上げと労働生産性向上、長時間労働の是正、柔軟な働き方がしやすい環境整備などが目標として掲げられた。

日本経済が金融緩和政策や財政拡大に頼らずに本格的な成長をするためには、成長戦略がどうしても必要だ。そのなかでも、働き方の改革は重要な課題だ。

アメリカでは、ドナルド・トランプ大統領が、「アメリカの労働者に職を取り戻す」と言っている。大統領選挙中におけるこのアピールがトランプ候補に勝利をもたらしたわけだから、アメリカにおいても、人々の働き方の問題は重要な課題として意識されているわけだ。

どちらにも共通しているのは、現在の働き方のトレンドに望ましくない傾向があるとし、それを政府が正そうとしていることである。

日本では、「実行計画」の目標にも示されているように、正規労働者と非正規労働者の差や、長すぎる労働時間などが問題視されている。トランプ大統領は、伝統的な製造業の就業者が減少しているのは望ましくないことであるとし、製造業の海外流出を食い止め、さらには流出した企業をアメリカに呼び戻そうとしている。

伝統的製造業での働き方を重視するバイアス

どちらのアプローチにも共通する問題点が2つある。

第1は、現実の変化を表面的に捉え、それを是正しようとしていることだ。「働き方がなぜ変化しているのか」についてのメカニズムを分析することなく、結果だけを表面的に直そうとしているのである。

こうしたアプローチでは、目標が実現できない可能性がある。それだけでなく、状況をかえって悪くしてしまう危険がある。必要とされるのは、働き方の変化の背後にある基本的な経済メカニズムの分析だ。

問題の第2は、新しい技術の進展によって働き方が大きく変わるのを軽視していることだ。そして、どちらも1980年代頃までの製造業における働き方を取り戻そうとしている。

トランプ大統領は、明示的にそのことを述べている。「アメリカに雇用を取り戻す」という場合に想定されているのは、鉄鋼業や自動車産業など、80年代までアメリカの中心産業であった製造業だ。

日本の場合には、製造業復活が望ましいと明示的に述べられているわけではない。ただし、長時間労働の禁止や、同一労働同一賃金が必要との考えは、工場労働者的な働き方を想定した場合に重要になる事柄である。

長時間労働は、もともとは産業革命初期の工場労働者について問題とされたことだ。多くの労働者が工場に集まって同一時間帯に作業に従事するが、ここでの労働条件が悪化したことから、労働条件を規制しなければならないという社会的な運動が生じた。現在の日本の労働時間の規制も、基本的には、人々がこのような形態で働いていることを前提としている。

このような経済活動がいまでも大部分を占めるのは、事実である。サービス産業でも、飲食店などの接客業や介護従事者の場合には、基本的に工場労働者と同じ働き方だ。したがって、働き方に関する政策が前記のようなバイアスを持つのは、政治的なメカニズムから見て必然の結果であろう。しかし、それだけでは労働条件を改善することはできない。必要なのは、生産性を引き上げることだ。

高度サービス産業で重要なのは、独創性を引き出す労働環境

経済全体の生産性向上を実現するためには、サービス産業を成長させる必要がある。なぜなら、先進国の中心産業は、サービス産業に移行しているからだ。サービス産業のなかでも、従来型の生産性が低いサービス業ではなく、知識産業的な性格が強い高度サービス産業が重要である。アメリカでは、この部門が主導することによって経済成長が生じている。

アメリカのGDP（国内総生産）に対する各産業の付加価値の比率を見ると、製造業の比率は、1997年の25・0％から、2016年には18・0％にまで低下した。他方で、金融業は同期間に15・8％から18・2％に上昇して、いまや製造業を上回っている。

したがって、先端的な産業での生産性を高めなければならないのだが、高度サービス産業での働き方は、伝統的な製造業の場合とはかなり異なる。高度サービス産業での働き方は、産業革命以降の大規模な工場における工場労働者の働き方——統制のとれた軍隊的な組織が、一糸乱れずに行動すること——ではないのである。

高度サービス産業では、個々の労働者が独立して働くことが多いため、仮に労働時間を規制しても、結局は「成果を出すために自宅で仕事をする」という結果になってしまう。このような労働については、そもそも全員が同一の場所に集まる必要があるのかどうかさえ疑問だ。また、正規雇用が望ましいかどうかも疑問なしとしない。

このような産業では、個人の独創性を引き出す労働環境を整備することが、もっとも重要だ。それは、創造力から生み出される革新が、きわめて大きな利益と成長をもたらすからだ。

アップルは、iPhoneという革新的な製品によって、目覚ましい成長と巨額の時価総額を実現した。グーグルの場合もそうだ。事業の基礎にあるのは、優れた検索エンジンだ。フェイスブックも同じであって、インターネットを介する新しい形の社会的な交流をつくりだしたことが、事業の基礎になっている。

いずれも、ごく少数の人間の革新的なアイデアが事業の基礎をつくっている。このため、アメリカをリードする先端ハイテク企業は、さまざまな工夫をして、大企業病に陥ることを避け、個人の創造力を引き出そうとしている。

例えば、グーグルは、カフェテリアで1日中食事を提供して従業員間のコミュニケーションを促進しようとしたり、仕事時間の20％を与えられた仕事以外の好きなプロジェクトに使ってよいという「20％ルール」を設定したりしている。

ジリアン・テットは、『サイロ・エフェクト　高度専門化社会の罠』（文藝春秋）のなかで、高度専門化社会が陥りやすい罠として「サイロ」（閉じこもり）という現象を指摘し、これを打破して成功した例としてフェイスブックを挙げている。

さらに重要な点は、高度サービス産業では、必ずしも組織に雇われて働く必要はないことだ。実際、アメリカでは、フリーランサーが顕著に増加している。彼らは独立自営業者だ。その意味で、働き方が、産業革命以前の個人事業の時代に戻ろうとしているのだ。

しかし、日本でもアメリカでも、政府はこのことの重要性に気づいていない。「働き方改革実行計画」においては、「柔軟な働き方」という目標が設けられてはいるものの、テレワークや「副業・兼業の推進」などが簡単に述べられているにすぎない。

生産性向上も人づくりも、結局のところ、企業環境が創造力を引き出せるように変われるかどうかにかかっている。そして、このような変化が、現代の先進国経済を再生し、成長させていくのだ。

本書の概要

本書は、以上のような観点から、「働き方改革」についての議論を行なう。

第1章では、「働き方」が経済政策上の大きな問題として意識されるようになった背景について述べる。日本で長時間労働などが問題になるのは、高度成長期の日本組織の基本原理がいまに至るまで継続していることによる。

この状況に対して、テレワークやフレックスタイムなどの新しい働き方が提唱されているが、実際にはあまり普及していない。その原因は、これらが日本組織における仕事の進め方に合わないことだ。

また、高齢者の身体的・肉体的条件が改善しているにもかかわらず、高齢者の労働人口比率は低下気味だ。その原因は、社会保障などの制度にある。

第2章では、クラウドソーシングやシェアリングエコノミーなどの新しい技術の進展が、フリーランサーという新しい働き方を可能にしつつあることを述べる。アメリカではフリーランサーは全就業者の37％を占めるまでに至っているが、日本ではシェアリングエコノミーに対する規制が強いことなどによって、新しい技術が活かされていない。

第3章では、フリーランサーの仕事として、ウェブを介した情報サービスの提供について述べる。ただし、現状では、送金の受け入れが難しいことが障害になる。仮想通貨は、この障害を乗り越える手段となる。

第4章では、働き方に影響を与える技術が、どのような方向に進むかを探る。現在の技術開発のフロンティアは、ＧＡＦＡ（グーグル、アップル、フェイスブック、アマゾン）と呼ばれるＩＴ関連先端企業や、「ユニコーン企業」によって切り拓かれている。しかし、ブロックチェーン技術を利用して自動的に運営される事業体である「ＤＡＯ」が、近い将来に登場する。これによって、シェアリングエコノミーの姿も大きく変わるだろう。そうした世界では、「人間的な仕事への特化」が可能となる。

第5章では、アメリカにおける働き方の問題を見る。トランプ大統領の票田といわれる「ラストベルト」（さびた工業地帯）は、かつては確かに「さびて」しまった。しかし、その中心地であるピッツバーグやクリーブランドは、いま目覚ましく再生している。それは、医療産業などの新しいハイテク産業が成長しているからだ。トランプの政策は復古主義にすぎず、それが実現されればアメリカ経済は弱体化するだろう。具体的には、特殊技能職に認められる就業ビザである「Ｈ－１Ｂ」の扱いが問題となる。

第6章では、政府が進める「働き方改革」について述べる。長時間労働を抑制しようとする政府の政策によって、所定外労働時間は全体としては減っている。しかし、所定外給与も落ち込んでいる。また、深刻なレベルの長時間労働は減っていない。日本のサービス産業は生産性が低いため、非正規労働に頼らざるをえない状況にある。これを無視して「同一労働同一賃金」を進めれば、全体の賃金を引き下げる結果になりかねない。

「時間給から成果給」への移行で本来必要なのは、成果を正しく測定し、それを給与に正しく反映させる仕組みの確立だ。「高度プロフェッショナル制度」にはそれがないので、単なる「残業代ゼロ」の制度になってしまっている。「働き方改革」を実効性のあるものにするには、規制に頼るだけでなく、価格の活用など、市場に任せる方法を重視すべきだ。

本書の刊行にあたって、ダイヤモンド社書籍編集局第二編集部の田口昌輝氏にお世話になった。本書のもととなったのは、「ダイヤモンド・オンライン」に連載した「新しい経済秩序を求めて」、および『週刊ダイヤモンド』に連載した「『超』整理日記」だが、これらの連載にあたって、田口昌輝氏、および『週刊ダイヤモンド』編集部の新井美江子氏にお世話になった。御礼申し上げたい。

２０１７年９月

野口悠紀雄

目次

第3章 仮想通貨はフリーランサーを支える

第4章 新しい技術はどこに向かうか?

第5章 トランプ大統領の政策はアメリカの労働者のためになるか？

第6章 政府の「働き方改革」は日本の労働者のためになるか？

第1章

いまなぜ「働き方」か？

1 長時間労働の底にある日本企業の基本問題

電通問題は氷山の一角にすぎない

電通の長時間労働が大きな社会問題となった。

労働基準法に定める労働時間の原則は、1日8時間、1週40時間だ。(注)労使協定（いわゆる「36協定」）を締結し、労働基準監督署に届け出た場合は、これを超えて労働させることも可能だ。しかし、過重労働による健康障害を防止するため、いくらでも超過勤務をさせられるわけではない。

厚生労働省は、過労死などの健康障害の危険が高まる残業時間として、「月80時間超」を目安にしている。これは「過労死ライン」といわれるものだ。しかし、この制約は、往々にして無視される。亡くなった電通女性社員の場合は、月105時間の残業時間だった。

残業手当の問題もある。残業に対しては残業手当の支給が必要だが、実際には残業に見合った額は給付されず、サービス残業になっている場合が多い。

電通の過労死問題が大きな関心を集めたのは、長時間労働やサービス残業が特殊な事例ではなく、身の回りにごく普通にある一般的な問題だからだろう。マスメディアで取り上げられるのは、氷山の一角にすぎない。

(注) 労働基準法では、1週40時間、または、1日8時間を超えて働かせてはならないことになっている。この労働時間を「法定労働時間」という。それに対して、「所定労働時間」とは、会社で定めた労働時間のことだ。

厚生労働省「平成27年就労条件総合調査結果の概況」によると、1日の所定労働時間は、1企業平均7時間45分、労働者1人平均7時間45分である。週所定労働時間は、1企業平均39時間26分、労働者1人平均39時間03分となっている。

中央官庁と報道機関で顕著な長時間労働

私自身が、官庁に勤務していた時代に長時間労働を経験したので、そうした職場の雰囲気はよく分かる。

大蔵省（現財務省）は、異常に長い残業で有名だった。私の場合、予算編成期には残業時間が月300時間を超えた。国家公務員は労働基準法の適用対象外であり、サービス残業は当然のことだった。

予算編成シーズンを通じて、家に帰ることはなく、地下にある「霊安室」と呼ばれる仮眠所で寝た。体力との戦い、睡眠願望との戦いであり、このような生活が長く続くことが体によいはずはない。

しかし、こうしたなかで定時に帰るなど、およそ考えられなかった。そうしたことを口に出すことさえ、非常識の極みという雰囲気だった。

いまではこうした状況は改善されただろうと思っていたのだが、ウェブへの書き込みなどを見ると、いまだに私の官庁勤務時代と変わらぬ実態であるようだ。

このような勤務状況は、中央官庁だけのことではない。電通事件のニュースを伝える報道機関においても、超過勤務は普通のことだろう。記者職などでは、通常、協定によってあらかじめ所定労働時間を決める「みなし労働時間制」を導入している。事件が起きれば、夜を徹して働く日が延々と続くこともある。また、夜討ち朝駆けをする必要もある。

朝日新聞東京本社は、社員に違法な長時間労働をさせたとして、中央労働基準監督署（東京）から労働基準法違反で是正勧告を受けた。

長時間労働の問題は、朝日新聞に限ったことではない。2016年に初めて発表された「過労死等防止対策白書」（厚生労働省）によると、残業がもっとも多い月の残業時間が80時間以上だった企業の割合は、テレビ局、新聞社、出版社を含む「情報通信業」でもっとも高く、

44・4%（全体で22・7%）だった。

このように、労働時間を規制する立場にある中央官庁と労働時間の実態を報道する立場にある報道機関において、長時間労働が一般化しているのだ。問題の根は深い。

高度成長期の日本組織の原理は機能しない

「この問題の背景には、日本人の働き過ぎ文化がある」とよくいわれる。日本人は、長時間労働を苦とせず、生活や家庭を犠牲にして仕事を優先するワーカホリックだというのだ。

しかし、そんなことはない。どこの国にもハードワーカーはいる。私の印象では、アメリカ人のほうがよく働くし、学生もよく勉強する。最先端のスタートアップ企業で働く人々の多くは、寝る時間も惜しんで仕事に熱中している。学者や研究者の場合も、業績を挙げるために、研究室に泊まり込みで仕事をしている人はまれではない。

ただしこれは、右に述べた、電通や中央官庁の場合とは違う。

彼らは、他人に指示されて長時間労働をしているのではなく、自ら望んでハードワークをしている。その結果が自らに帰属することを期待しているのだ（もちろん、その仕事に失敗することはありうる。ただし、失敗はリスクの高い仕事に共通のことだ）。

だから、右に見た問題の本質は、「正当な見返り（現在の報酬だけでなく、将来における地位なども含む）なしに、組織のために働かされている」ということなのである。

ハードワークと長時間労働の違いは、成果を求めて自ら働くか、職場の雰囲気や上司の命令や指示（多くの場合、非公式の）によって、嫌々ながら長時間働かされるかの違いだ。

ただし、明白にいえることは、日本の多くの企業は、残業手当なしの長時間労働に支えられているということだ。仮に残業手当を満額支給すれば、多くの企業が立ち行かなくなるだろう。利益がなくなってしまうどころか、大幅な赤字になる企業が続出するはずだ。

これは、いまに始まったことではなく、高度成長期から続いてきたことだ。高度成長期からの日本企業の基本原理は、つぎのようなものだった。

若いときには、残業がサービス残業であることも含め、組織への貢献に比べて少ない見返りしか得られない。しかし、そうした勤務体系に耐えなければ、組織のトップに立つことはできない。こうした環境に長年耐え抜けば、選ばれた者が組織をリードする立場になる。選ばれなかった者も、相応の報酬を組織から受ける。そして彼らは、同じようなことを次の世代に要求する。

これまでの日本では、組織が成長したので、このメカニズムが働くと期待できた。しかし組織が拡大しなくなったので、その期待は満たしえなくなった。

終身雇用制は崩壊し、組織の存在そのものも保証されていない。だから、現在では、将来への期待だけで長時間労働をつなぎ留めることはできない。日本人の働き方は、根本から見直す必要があるのだ。

ただし、問題の本質は、単純に労働時間を減らすことではない。仮にルール通りの働き方ができて残業時間を減らすことができても、それで問題が解決するわけではない。本当に必要なのは、労働の成果に見合った適切な報酬（現在の給与だけでなく、将来の昇進なども含む）を得られることだ。

もう1つ重要なのは、労働時間の制約が強まるだけであれば、「時間の制約なしに働きたい」と考えている人たちの機会が奪われることだ。

社会の「秩序」は、規則正しく働く人たちによって保たれる。だから、すべての人が労働基準法通りに仕事を行なうようになれば、社会の秩序は保たれるだろう。しかし、同時に、社会が進歩することもなくなるだろう。

社会の「進歩」は、多くの場合、寝食を忘れて働く人たちの努力によって実現される。そうした人たちが働ける環境を整備することは、大変重要な課題だ。それらの人々が、自らの意思によって、自らの責任で、そのような働き方ができ、そして正しく報われるような環境が必要である。例えば、起業が容易にできる社会、失敗しても再挑戦ができるような社会だ。

「働き方改革」の基本は、規制の強化ではない。多様な働き方ができる社会をつくることだ。

2 日本でテレワークやフレックスタイムがなかなか進まない理由

柔軟な働き方を広げるテレワーキングへの期待

情報技術の発展に伴って、多様な働き方が可能になっている。柔軟な働き方の導入は、さまざまな利点を持ち、成長戦略の重要な課題と考えられている。

ところが、日本の実態を見ると、導入が進んでいない。なぜ進まないのか?

情報技術が可能とする働き方の変化としては、第1に、企業に就業することを前提として就業形態をより柔軟にするものがあり、第2に、仕事を企業から切り離して独立して進めるものがある。ここでは、前者について見よう(後者については、第2章で見る)。

就業形態をより柔軟にする改革として、第1に「テレワーキング」がある。これは、仕事のうち必ずしもオフィスで行なう必要がないものを、インターネットやPC(パソコン)を活用することによって、在宅で行なう方式である。

テレワークの普及は、従業員にとって、多様で柔軟な働き方を選択できるメリットがあるとされる。

また、企業にとっては、コスト抑制や、雇用可能な人材の拡大などのメリットがあるとされる。とりわけ、高齢化による労働人口減少に対応して、女性や高齢者などの人材を活用することを可能にするとされる。地方における雇用機会の増大にも資するとされる。

政府は、2015年6月に閣議決定した「世界最先端IT国家創造宣言」において、「週1日以上終日在宅で就業する雇用型在宅型テレワーカー数が全労働者数に占める割合を、2020年に10%以上とする」ことを目標とした。

総務省と厚生労働省が、それぞれ年間10億円の予算を組んで推進事業を行なっている。

政府は16年10月に「働き方改革実現会議」を開いた。議長の安倍晋三首相は、柔軟な働き方を広げるため、ITを活用して職場以外の場所で働くテレワーキングや、兼業・副業の促進に向けて「ガイドラインの制定も含めて多様な政策手段について検討したい」と述べた。病気治療と仕事が両立できるよう新たな対策づくりに取り組むことも表明した。首相は、テレワーキングや兼業・副業に関し「普及を図っていくことが極めて重要だ」と強調した。

テレワーキングは日本型組織の仕事の進め方に合わない

以上のように、テレワーキングに対する期待は強い。

２０１１年3月に東日本大震災が発生し、テレワーキングに対する企業の注目度が飛躍的に高まった。12年には国内のテレワーク人口が１４００万人を突破し、就労人口の約20％がなんらかの形でテレワークを行なうようになった。

しかし、テレワーク人口は、その後減少している。図表１－１に示すのは、そのうちの「在宅型テレワーカー」数の推移である。

10年までは３００万人台であった。それが11年に急増し、12年には９３０万人に達した。しかし、その後は毎年２００万人程度ずつ減少し、14年には５５０万人となっている。

図表１－２に示すのは、雇用型在宅型のうちの「週1日以上終日在宅で就業する雇用型在宅型テレワーカー」の数である。13年には約２６０万人であり、全労働者に占める割合は４・５％であった。しかし、14年には約２２０万人に減少し、比率は3・9％に低下している。

「平成27年度テレワーク人口実態調査」（国土交通省）によると、制度を導入している企業は、図表１－３に示すとおりだ。調査対象企業８９３社のうち、「在宅勤務制度等あり」は７０９社で、「在宅勤務制度等なし」の１８４社を大きく上回る。しかも、在宅勤務制度等ありの場合、増やしたいとする企業が41・９％を占める。

しかし、15年において、全労働者数に占める週1日以上終日在宅で就業する雇用型在宅型テレワーカー数の割合は、2・7％でしかないのだ。このように、制度はあるが、利用されてい

図表 1-1 在宅型テレワーカー数

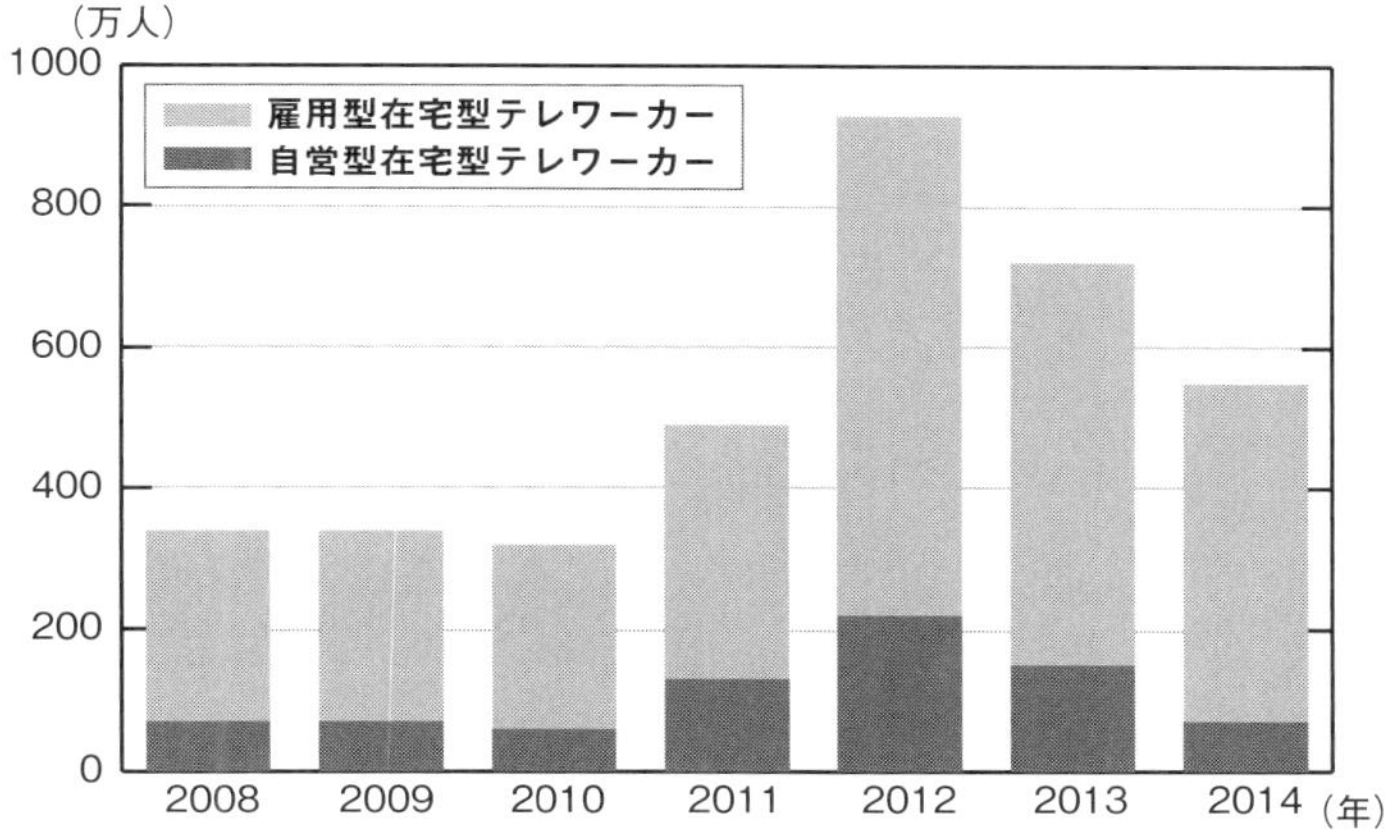

(資料)国土交通省「平成26年度　テレワーク人口実態調査」

図表 1-2 雇用型在宅型テレワーカー数(週1日以上終日在宅)

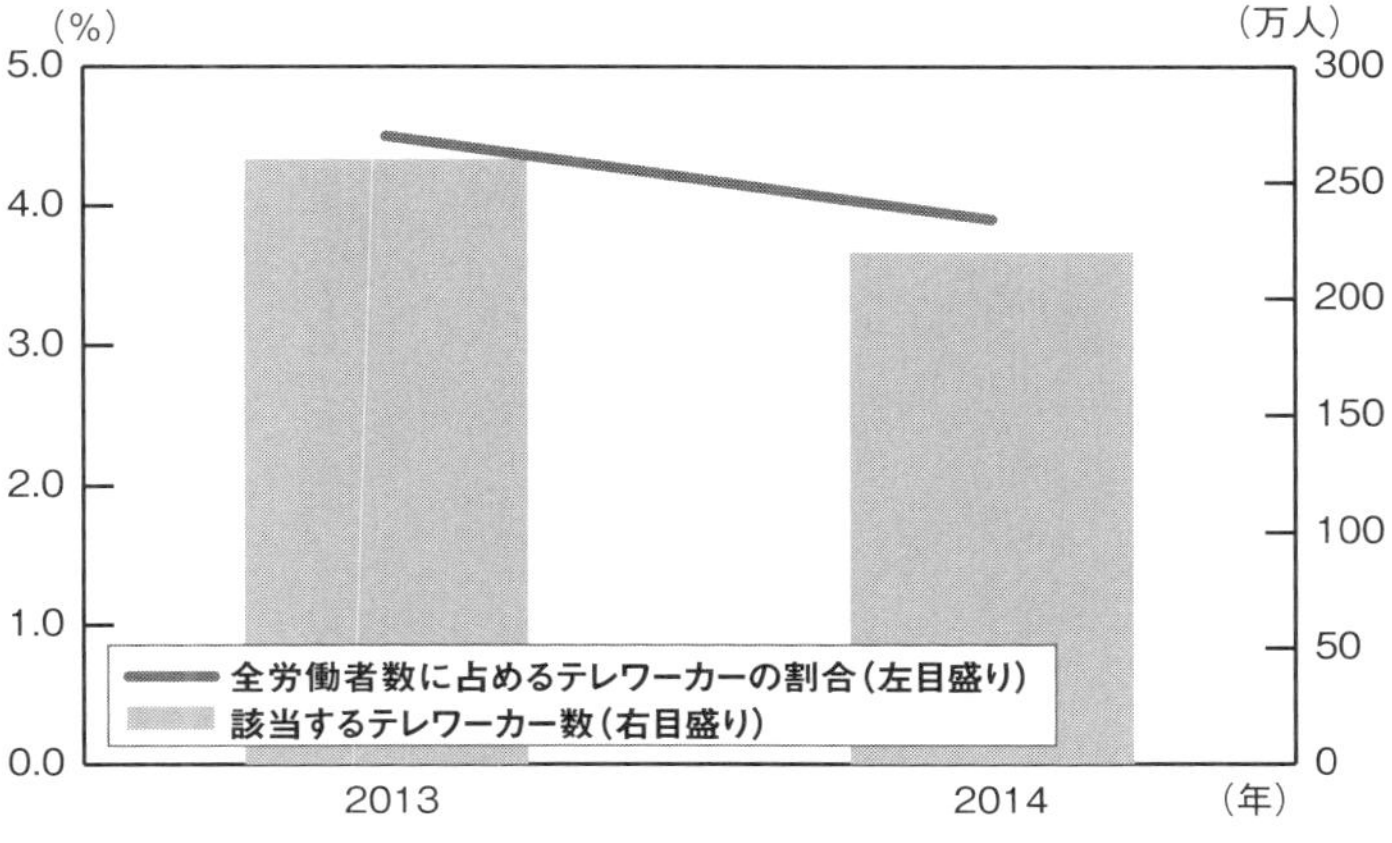

(資料) 国土交通省「平成 26 年度　テレワーク人口実態調査」

図表1-3 企業の在宅勤務制度等の有無別

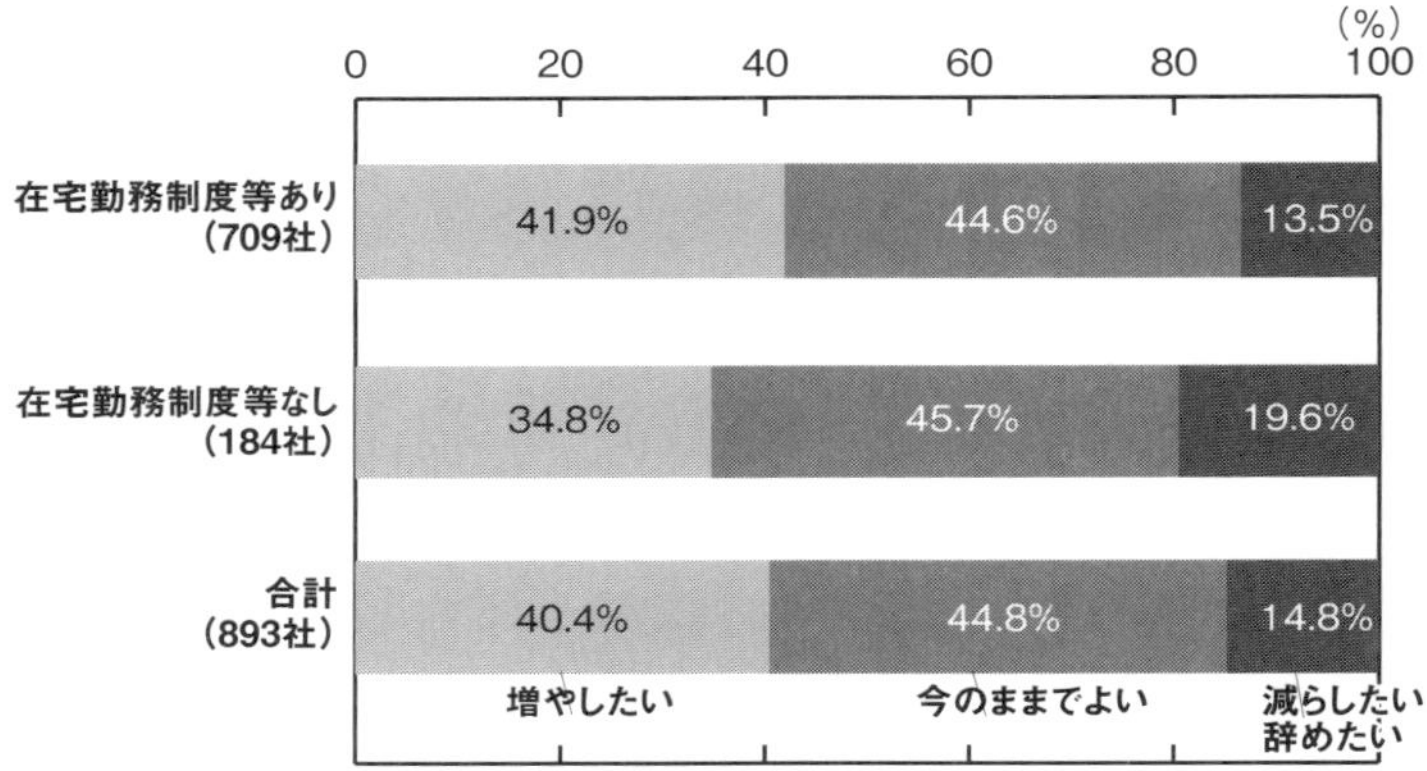

(資料)国土交通省「平成27年度　テレワーク人口実態調査」

ないのが実態である。

総務省が中央省庁などの「テレワーク」の実施状況を調べた結果、首相官邸を除く22の政府機関のうち、ルールを決めて本格導入したのは13機関だった。9機関は試行段階にとどまっている。また、国家公務員(本省勤務)約4万8000人のうち、15年度の利用者は3%程度の1592人だった。

テレワーキングに対する期待は高いにもかかわらず、なぜ進まないのか?

「パソコンが足りないからだ」といわれることが多い。しかし、より基本的な問題は、日本型組織における仕事の進め方との兼ね合いの問題ではないだろうか。管理者は、目の前にいない部下を把握するのは非常に難しいと感じるのだ。

この問題については、本節の「テレワークやフレックスタイム導入には仕事の進め方改革が必要」の項で再び論じる。

フレックスタイム導入企業はわずか5%程度

企業での働き方を柔軟にするもう1つの制度は、フレックスタイムだ。これは、組織のすべてのメンバーが同一時間にオフィスに出勤するのではなく、個人の都合などによって出勤時間を柔軟にするという方式である。1988年から導入が認められた。

政府は成長戦略の一環として「多様で柔軟な働き方の実現」を掲げており、そのなかで、「フレックスタイム制度」も重視している。

では、導入状況はどうか?

図表1－4に示すように、2014年においてフレックスタイムを導入している企業は、従業員1000人以上の企業で27・7%、300人から1000人未満の企業で16・0%である。しかし、より小規模な企業での導入率が低いため、企業全体から見れば5・3%でしかない。このように、産業界全体に広く定着しているとはいえない状況だ。

業種別で見ても、情報通信産業では23・8%、エネルギー関連産業では12・1%、学術研究、専門・技術サービス業では10・4%と高いが、他の産業の導入率は1桁でしかない。建設業、宿泊業・飲食サービス業、医療・福祉では、1%台である。

図表1-4 変形労働時間制の有無・種類別の採用企業割合

（単位:%）

年・企業規模・産業	全企業	変形労働時間制を採用している企業	変形労働時間制の種類（複数回答）			変形労働時間制を採用していない企業
			1年単位の変形労働時間制	1カ月単位の変形労働時間制	フレックスタイム制	
2014年	100.0	55.6	35.4	17.9	5.3	44.4
2013年	100.0	51.1	32.3	16.6	5.0	48.9
2012年	100.0	51.3	33.3	15.8	5.2	48.7
2011年	100.0	53.9	36.9	14.1	5.9	46.1
2010年	100.0	55.5	37.0	15.3	5.9	44.5
1000人以上	100.0	70.9	21.0	40.6	27.7	29.1
300〜999人	100.0	66.0	31.6	29.3	16.0	34.0
100〜299人	100.0	59.7	37.5	18.4	7.3	40.3
30〜99人	100.0	53.2	35.5	16.1	3.2	46.8
鉱業、採石業、砂利採取業	100.0	69.8	58.4	13.7	4.1	30.2
建設業	100.0	54.5	47.3	9.8	1.5	45.5
製造業	100.0	63.3	51.6	8.0	7.3	36.7
電気・ガス・熱供給・水道業	100.0	65.4	24.9	46.1	12.1	34.6
情報通信業	100.0	38.9	8.6	7.7	23.8	61.1
運輸業、郵便業	100.0	64.5	40.8	27.3	2.5	35.5
卸売業、小売業	100.0	54.5	32.4	20.0	4.0	45.5
金融業、保険業	100.0	20.1	2.9	9.7	9.8	79.9
不動産業、物品賃貸業	100.0	41.4	21.1	18.9	2.5	58.6
学術研究、専門・技術サービス業	100.0	32.9	16.8	6.2	10.4	67.1
宿泊業、飲食サービス業	100.0	57.1	20.9	32.8	1.2	42.9
生活関連サービス業、娯楽業	100.0	50.9	24.0	29.8	2.1	49.1
教育、学習支援業	100.0	50.2	43.1	6.2	2.8	49.8
医療、福祉	100.0	58.1	14.3	43.2	1.7	41.9
サービス業（他に分類されないもの）	100.0	49.0	25.6	22.5	4.9	51.0

（注）「変形労働時間制を採用している企業」には、「1週間単位の非定型的変形労働時間制」を採用している企業を含む。
（資料）厚生労働省「平成26年　就労条件総合調査」

企業での働き方を柔軟化させるもう1つのものは、副業・兼業を認めることだ。これについては、第2章の1「新しい情報技術が働き方を大きく変える」で論じる。

集まって仕事をするのは、なぜか

テレワークやフレックスタイムがうまくいかない基本的な理由は、組織で仕事を進める方式を前提にして、その一部だけを切り離そうとするからである。

協同して仕事をするには情報交換が必要であり、そのためにはコストがかかる。ところが、企業内で仕事を行なえば、こうしたコストを節減することができる。だから、企業という組織が必要になる。つまり、個人で仕事をせずに組織をつくるのは、協業のコストがかかるからだ。ノーベル経済学賞の受賞者であるロナルド・コースが、「企業の性質」において指摘したのはこのことだ。(注)

いかに情報通信コストが低下したといっても、直接対面で情報交換するほうが協業のコストは低い。もちろん、そのためには、同一の事業所まで通勤し、同一時間帯に事業所で勤務しなければならない。それにはコストがかかる。

したがって、問題は、直接対面による協業コスト削減効果と、通勤のためのコストとの比較である。後者のほうが大きくなければ、テレワークやフレックスタイムは経済的に見て合理的なものにはならない。

前者の協業コスト削減効果は、仕事の内容によってかなり異なるし、仕事の進め方をどうするかによっても異なる。

テレワークやフレックスタイムが成功するためには、仕事がほぼ独立してできるようなものになっていなければならない。簡単にいえば、自営業的なものになっていなければならないのだ。そのためには、成果の評価を客観的に行なうシステムも必要である。

（注）Coase, Ronald H. "The Nature of the Firm", *Economica* 386,(1937).

テレワークやフレックスタイム導入には仕事の進め方改革が必要

すでに見たように、制度としては導入しながら、実際の活用が進んでいない組織が多い。その理由としては、「上司が部下の働き方をうまく把握できない」というものが多い。つまり、組織における働き方の基本スタイルを従来のままにして、テレワーキングやフレックスタイムを導入しようとしても無理なのである。

また、仕事の進め方は、アメリカの場合と日本の場合では大きく違う。だから、アメリカで導入できたからといって、日本でできるとは限らない。

日本の多くの組織において、仕事は個室ではなく、大部屋でなされている。部屋全体の雰囲気で、管理者が仕事の進捗《しんちょく》状況を把握している。仕事の分担の仕方も、あらかじめ明確に定められているわけでなく、そのときどきの事情で変わる。仕事の成果も、グループ全体に対して行なわれ、個人個人の寄与度が明確に測定されるわけではない。

これがいいか悪いか。その評価は難しいが、現実の日本の組織でこうした形態が主流であることは認めざるをえない。

こうした環境では、テレワークやフレックスタイムを導入することは難しい。日本の組織の仕事の進め方は、テレワークやフレックスタイムにはなじまないのだ。とりわけ、公務員のように、仕事の分担をはっきりした形で切り離せない場合に適用できないのは、当然である。

情報通信が進歩しコストが安くなったから、直ちに仕事の進め方が変わるというのは、実態を無視した空論にすぎない。テレワークやフレックスタイムの導入のためには、組織における仕事の進め方を全面的に改革することが必要だ。

3 「高齢者は働かないほうがトク」という制度は見直すべきだ

「働かない年金生活者」というイメージをなくせ

2017年1月に、日本老年学会と日本老年医学会の連名で、現在は65歳以上とされている高齢者の定義を、75歳以上に見直すべきだとする提言が公表された（「高齢者に関する定義」についての提言）。

この提言の基礎には、高齢者の身体的・知的能力や健康状態が改善しているという事実がある。前記学会が高齢者に関する国内のデータを収集、分析したところ、ここ10〜20年の間に、5〜10歳程度、若返っていることがわかったという。とくに65〜74歳は、心身の健康が保たれ、活発な社会活動が可能な人が多いので、「准高齢者」という新たな区分で呼び、就労やボランティアに参加できる枠組みを創設すべきだとしている。

これは、多くの人が実感していたことだろう。私自身も常々そのように感じていた。名前や呼び方は重要である。実態が変わったにもかかわらず、名称が変わらないため、古い観念にとらわれる場合が多いからだ。

実際、65歳以上を高齢者と呼ぶと、「働かない年金生活者」というイメージになる。そうした観念が一般的だと、「働くのは不自然」ということになりかねない。「後期高齢者」などというと、もはや余生も少なく、働くことなど考えも及ばないというイメージになってしまう。そして、「医療費の自己負担を低くするのもやむをえまい」という考えになる。

しかし、これらのいずれも、現在の日本の実情を考えれば、見直しの余地があるものだ。「客観的条件が変わっているのだから、考え方を変えるべきだ」という前記の提言は、まことに適切なものと考えられる。

「元気な老人」に制度が対応する必要がある

人間の身体、精神状態においてこのような変化が生じているのだから、社会がそれに対応する必要がある。高齢者の呼び方を変えるだけでは、十分でない。それに応じて制度が変わり、それによって人々の行動が変わり、そして、社会が変わることが必要だ。仮に現在の制度にある年齢条件をすべて10歳引き上げれば、日本社会は大きく変わるだろう。

現代の日本が抱えている問題の基本は、人口の年齢構造が大きく変化したにもかかわらず、制度がそれに対応していないことである。このため、高齢者が社会に貢献せず、若年労働者に支えられる形になってしまっている。このような社会を将来に向けて維持することはできないだろう。

なお、前記の提言では、この提言を社会保障制度の変更に直接結びつけることについては、慎重な対応を求めている。そこで想定されているのは、年金の支給開始年齢引き上げであるようだ。しかし以下に述べるように、社会保障制度には、これに限らずさまざまな問題がある。

高齢者の就業を促進する必要がある

必要なのは、高齢者が働く社会を実現することだ。社会制度をそれに合ったものに直すのである。

以下に見るように、現在の制度は、働かない高齢者にとって有利な制度になっている。それを後押ししているのが、社会保障制度だ。とくに、本章の4で述べる在職老齢年金制度と高齢者医療制度の影響が大きい。現在の制度では、「高齢者になったら働かないほうが有利」ということになってしまっているのである。

このため、働く能力を持ち、かつ働きたいと思えば就業の機会がありながら、あえて働かない高齢者が多いと考えられる。今後、日本経済が深刻な労働力不足に直面すると予測されることから考えても、この状況を変え、高齢者の就業を増やすことが重要だ。

将来の労働力不足に対する対策として、少子化対策がいわれる。少子化の是正は、それ自体として重要なことだ。しかし、いま出生率が上昇したとしても、労働力不足問題の解決策にはならない。生まれた子供が労働力になるまでには、数十年という時間を必要とするからである。

65歳以上になると働かない人々が急増

高齢者の就業状況は、どうなっているだろうか？

まず、労働力人口比率を年齢別に見ると、図表1－5のとおりだ（2015年）。ここで「労働力人口比率」とは、当該年齢階層の人口に占める「労働力人口」の割合である。「労働力人口」とは、「就業者」と「完全失業者」の合計である。

この図を見ると、25～29歳頃から85％程度になり、55～59歳まで80％を超える水準が続くことが分かる。しかし、65～69歳で40％強に半減し、70歳以上ではさらに低下する。

つまり、65歳以上になると、働かない人々の比率が急増するのだ。ここには、「高齢者は働かない」「高齢者とは65歳以上」という従来の図式が、そのままの形で見られるわけである。

図表1-5 年齢別労働人口比率

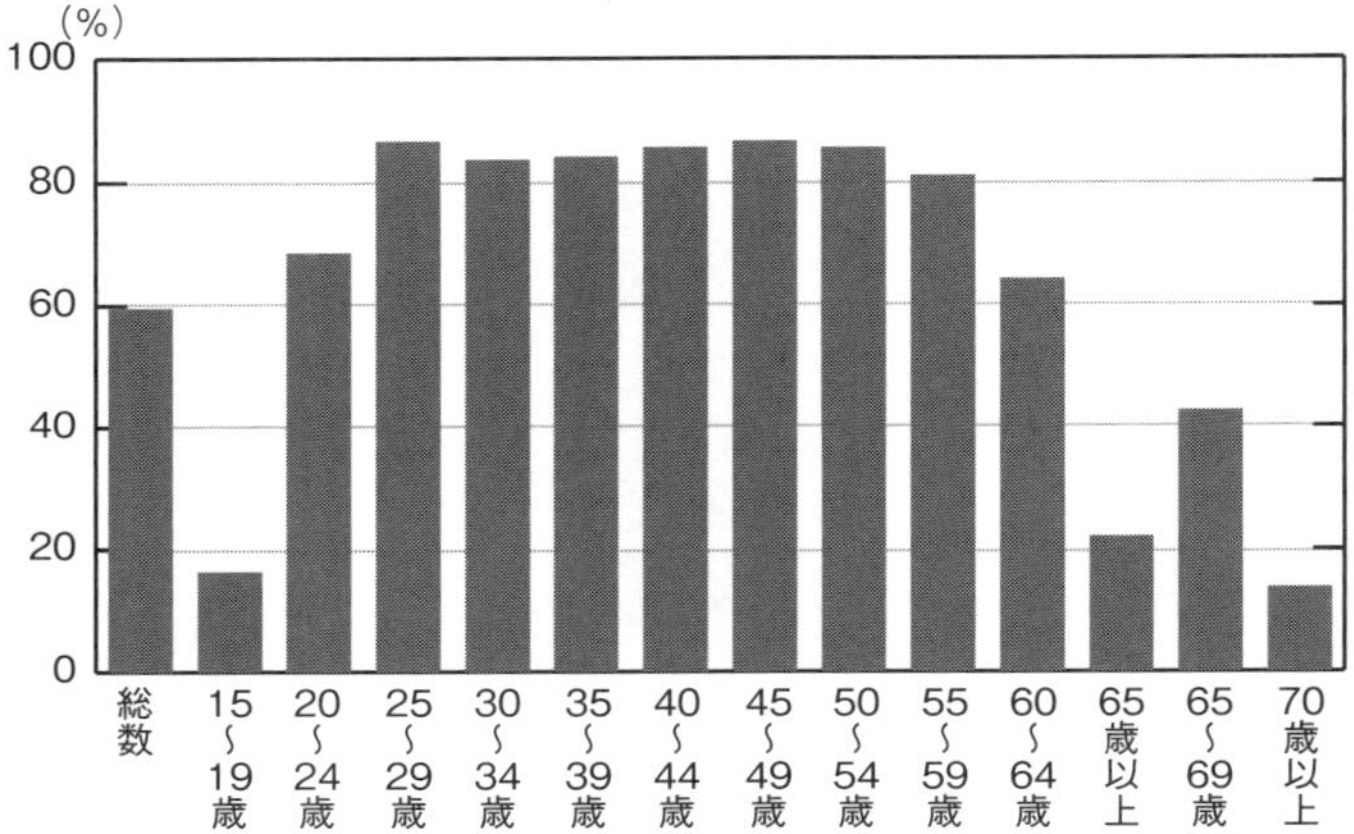

（資料）労働力調査

労働人口比率の低下は制度的要因による

では、高齢者の労働力人口比率は、なぜ低下するのだろうか？

その原因として、原理的には、つぎの2つを考えることができる。第1は個人の肉体的・精神的要因、第2は社会制度的要因である。

肉体的・精神的能力よりも社会制度的な要因のほうが強く影響しているのではないかと考えられる。それは時系列的な推移で確かめられる。

高齢者の労働力人口比率の時間的な推移を見ると、図表1－6に見るように、65歳以上の労働人口比率は1960年代以降、2004年頃まで、ほぼ傾向的に下落してきた。

ところが、先に述べた学会提言にもあるように、高齢者の肉体的・精神的条件は、時系列的に見て改善している。したがって、その点から

図表1-6 高齢者の労働力人口比率の推移

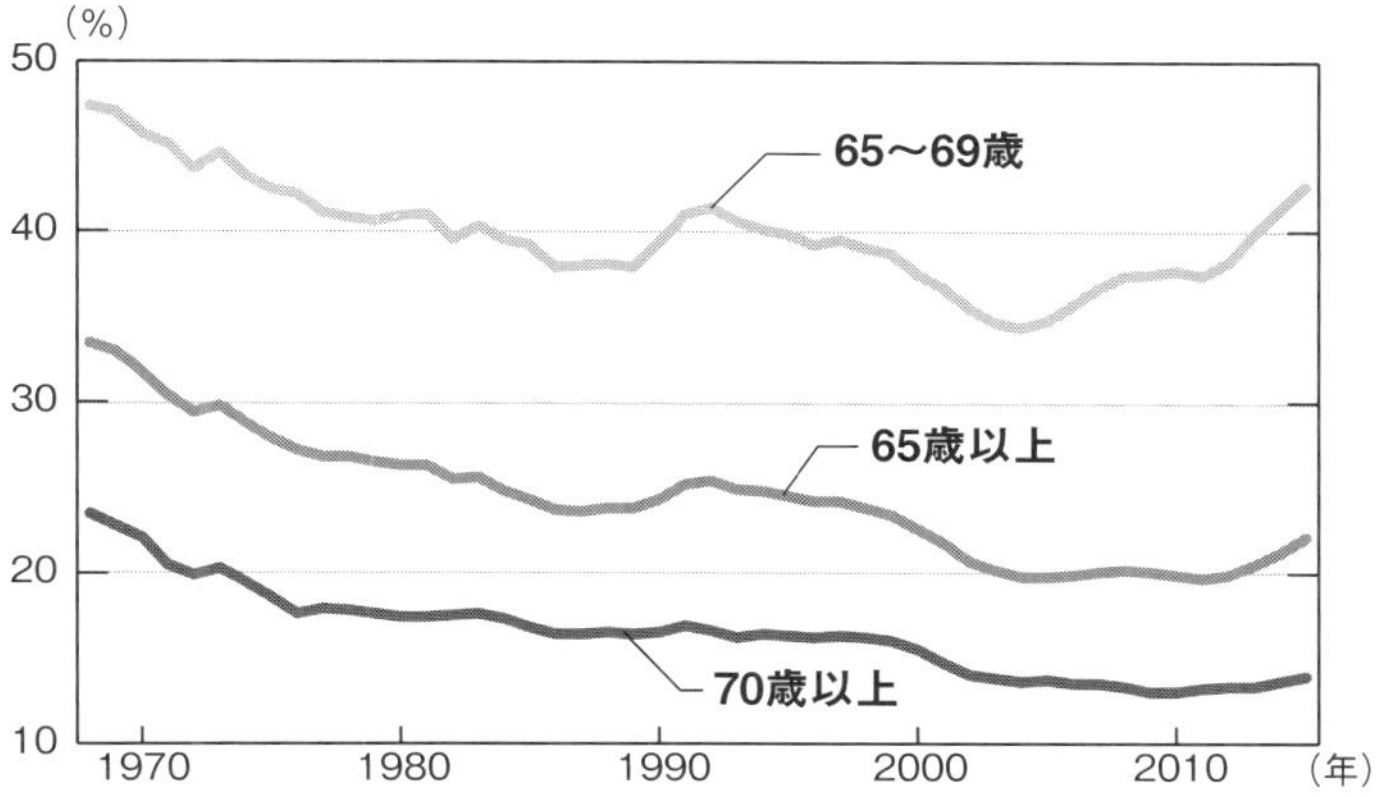

(資料)労働力調査

見れば、労働力人口比率がむしろ顕著に上昇していて然るべきである。

実際に労働力人口比率が低下しているのは、社会制度的な要因がそれを打ち消すほど強く働いていることを意味する。

ただし65〜69歳層を見ると、労働力人口比率は、04年頃をボトムとして、その後は上昇している。65歳以上で見ても、11年以降は上昇している。

この要因は、高齢者の肉体的・精神的条件の改善かもしれないが、70歳以上に比べて65〜69歳の比率上昇が顕著であることを考えると、年金支給開始年齢の引き上げの影響かもしれない。

職を得られても働こうとしない高齢者

社会制度的な要因が与える影響として、つぎの2つがある。第1に、働くことに対してどのような経済的なインセンティブを与えるか。第2は、働く意欲を持ったとしても、就業機会があるかどうか。

第1点は、「働く意思があるかどうか？」という問題であり、第2点は、意思があるとして、「職を得られるかどうか」という問題である。このどちらが重要であろうか？

それを見るために、年齢別の労働力人口比率と就業率を見よう。ここで、「就業率」とは、当該年齢階層の人口に占める「就業者」の割合である。

年齢別の就業率を見ると、年齢別の労働力人口比率とあまり変わらない。それは失業率を見るとより明確にわかる。

図表1－7を見ると、高齢者の失業率は、他の年齢層に比べて格別高いわけではないことが分かる。それどころか、若年層に比べるとかなり低い。

2015年においては、15～29歳の失業率は5％を超えているのに対して、65歳以上の失業率は2％でしかない。これは、全年齢平均の3・4％より低い数字だ。

つまり、高齢者については、「職が得られるかどうか」というよりは、「就労したいと思うかどうか」が問題なのである。

なお、失業率の推移を時系列的に見ると、全年齢平均は、1990年代後半から上昇し、経済状況によってかなり大きく変動した（図では示していない）。65歳以上は、90年代後半で上

図表1-7 年齢別失業率

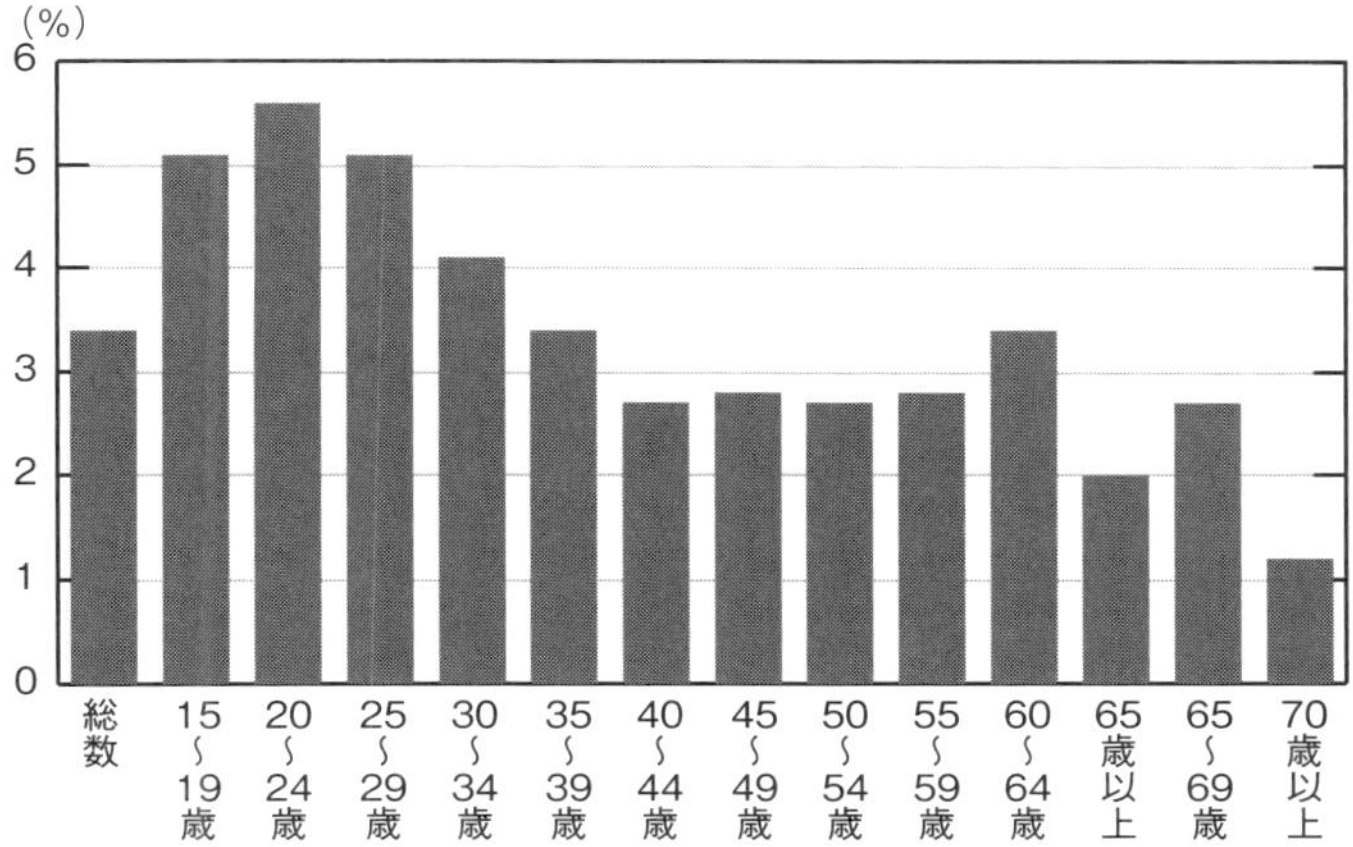

(資料) 労働力調査

昇したのは事実だが、景気にはあまり影響を受けていない。これは、「働こうとすれば職を得られるにもかかわらず、働こうとしない」高齢者が多いことを示唆している。

したがって、「働くことができる制度」も重要だが、「働くことが損にならない制度」をつくることは、もっと重要なのである。

本章の4で述べるように、社会保障制度には、高齢者になって働くことに対して重い税を掛けているのと同じ結果をもたらしているものが多いのである。それが、高齢者の就業意欲を低下させている可能性が高い。こうした要因を取り除くことが必要だ。

4 なぜ「高齢者は働かないほうがトク」になってしまうのか

年金受給資格がある人でも、働くと年金を支給停止される

高齢者が元気になっているのに65歳以上の労働力人口比率は低下していることを、本章の3で述べた。その原因は、制度にある。とくに、社会保障制度が就労のインセンティブを阻害している。以下では、在職老齢年金制度と高齢者の医療制度について見よう。

年金受給資格がある人でも、働いていると、年金の一部または全額が支給停止されることがある。これを、「在職老齢年金」制度という。この制度は、高齢者の就業を抑制する効果があると考えられる。以下で、その仕組みについて説明しよう。

停止額は、「基本月額」と「総報酬月額相当額」によって計算される。

「基本月額」とは、年金額(年額)を12で割った額だ(老齢基礎年金や加給年金は含まれない)。「総報酬月額相当額」(以下、「報酬月額」という)とは、毎月の賃金(標準報酬月額)と、「1年間の賞与(標準賞与額)を12で割った額」の合計だ。

計算方法は、それほど難しくないが、最初は取りつきにくい。ウェブには早見表がいくつも提供されており、「在職老齢年金　早見表」で検索すればすぐに見つかるので、それを見るのがもっとも手っ取り早い。

報酬が2万円増えると、年金は1万円減額

(1) 60歳以上65歳未満の場合

基本月額+報酬月額が28万円までは、減額されない。基本月額+報酬月額が28万円を超えると、報酬月額が2万円増えるごとに、年金が1万円減額される。

例えば、基本月額が10万円の場合、報酬月額が20万円なら1万円減額され、報酬月額が38万円以上になると、年金は全額カットされる。

基本月額が20万円の場合は、報酬月額が10万円なら1万円減額され、報酬月額が48万円からは年金は全額カットされる。

(2) 65歳以上の場合

基本月額+報酬月額が47万円までは、減額されない。基本月額+報酬月額が47万円を超えると、報酬月額が2万円増えるごとに年金は1万円減額される。

例えば、基本月額が10万円の場合、報酬月額が38万円なら0・5万円減額され、報酬月額が58万円以上になると、全額カットされる。

基本月額が20万円の場合は、報酬月額が28万円なら0・5万円減額され、報酬月額が68万円からは全額カットされる。

どの場合も、一定以上の報酬に対して、限界税率50％の税金がかかるのと同じことになる。これは、きわめて高い税率だ。

65歳以上で基本月額が20万円の場合をもう一度考えてみよう。報酬月額が26万円までは年金はカットされないから、年金と労働報酬を合わせた額は、働くだけ増えていく。したがって、この部分については、働くインセンティブが残っている。

しかし報酬月額が28万円を超えた分は、働いて得た報酬の半分が取られるのと同じことになる。つまり、実質的な賃金は半分に減少するわけだ。だから、就労のインセンティブは著しく低下するだろう。

現役時の給与が高い人ほど就労のインセンティブを失う

働いて得た報酬に税がかかるのは、高齢者に限ったことではない。しかし、右に述べた年金支給停止の場合には、税率が非常に高いのが問題だ。

年金カットが始まる報酬額は、基本月額が大きいほど小さくなる。例えば、基本月額が30万円の場合は、報酬額が18万円から年金減額が始まる。つまり現役時に給与が高かった人ほど、退職後は労働を続けるインセンティブを失うことになる。

ところで、以上の問題は、経済理論の観点から厳密にいうと、それほど簡単ではない。「年金減額が就労意欲をそぐことになるか否か」は、実は自明なことではないのだ。

これは、「賃金率が低下した場合、労働が増えるか減るか?」という問題と同じである。多くの場合において賃金率の低下は就労阻害効果を持つと考えられるが、「一定額の所得を得たい」という要請が強い場合には、賃金が下がればむしろ労働供給が増える可能性を否定できない(経済理論の概念を用いるなら、所得効果が強く、代替効果を上回る場合)。

この問題は、後で述べる医療費の自己負担が就労意欲に与える影響についても生じうる。

また、以上では課税の問題を捨象しているが、賃金所得と年金所得では所得税における所得控除が異なるという問題もある。以上を考慮すると、この問題は、理論分析だけで明確な結論が得られるものではない。したがって、実態の調査が必要である。

所得が高いと医療費の自己負担率が高い

日本の医療保険制度では、自己負担率は、70歳未満が3割（義務教育就学前は2割）だが、70歳以上75歳未満の者は2割、75歳以上の者は1割となっている。ただし、所得が現役並みなら、3割になる。

ここで、「現役並み」とは、世帯内に課税所得の額が145万円以上の被保険者がいる場合だ。課税所得が145万円というと少ないように聞こえるが、年金の場合には控除額が大きいので、これは普通のことである。65歳以上の場合、公的年金年額が120万〜330万円であれば、控除額は120万円だ。したがって、公的年金以外に収入がなければ、公的年金額が265万円未満の場合には、課税所得は145万円未満になる。

ここでも、所得が高いと課税されるのと同じ結果になるわけである（ここでの所得は、課税所得であるから、賃金だけではない）。

所得が増えた場合に負担がどの程度増えるかは、医療費によって異なるので、一概にはいえない。例として、75歳以上で年間医療費が100万円の場合を考えると、課税所得が145万円未満なら、自己負担は10万円で済む（これに加え、次項で述べる高額療養費の制度があるので、さらに減る）。しかし、145万円を超えた途端に自己負担が30万円に増える。これはかなり大きな負担増だ。

所得がなければ高額療養費制度で保護される

自己負担に関しては、「高額療養費制度」がある。これは、月ごとの自己負担が限度額を超えた場合に、超えた金額を支給する制度だ(ただし、入院時の食費負担や差額ベッド代等は含まない)。

例えば、100万円の医療費で、自己負担が30万円である場合、70歳未満で年収約370万～770万円の人なら、21万2570円が高額療養費として支給されるので、実際の自己負担額は8万7430円で済む。

70歳以上の場合には、1カ月の負担の上限額は、「一般」の場合に4万4000円、所得がゼロだと1万5000円でしかない。老人医療の無料化という制度は廃止されたが、それに近い状態だと考えることができる。

年齢別の医療費と自己負担等の状況を見ると、高齢者の自己負担限度額は低い。そして、所得が低ければ、きわめて低い。他方で、1人当たり年間医療費は、70歳を超えると60万円を超え、90歳を超えると100万円を超える。それにもかかわらず、自己負担はこのように低いのである。

しかも、上限を決めるのは「所得」であるため、いかに巨額の資産を持っていようと、ほとんど自己負担なしに医療サービスを受けられる。

例えば、75～79歳では、医療費が1人当たり年額76・1万円であるのに対し、「保険料および自己負担額」は13・5万円でしかない。自己負担は6・6万円と、医療費の8・7％でしかない。75歳以上の自己負担率は1割または3割となっているのだが、高額療養費制度の影響で、実際にはこのように低くなっているのだ。

基準所得は前年度分なので、「働いたら危険」ということも

以上の制度は、高齢者の受診率を高めている可能性がある。このため、この問題は、高齢者の医療費を膨張させるという観点から議論されることが多い。確かに、その問題は重要だ。

しかし、それだけではなく、高齢者が就労して所得を得ることに対して抑制的に働く効果があることにも注意したい。

所得がなければ、もともと自己負担率が1割と低い上に、高額療養費制度があるので、（差額ベッドなどを使わなければ）医療についてはほぼ安全が確保されるといってよい。これは働かないことの特権だ（すでに述べたように、収入が公的年金だけであれば、公的年金の収入があっても、この特権を享受できる）。

しかし働けば、この特権は失われる。だから、ここでも「働かないほうがトク」という制度

になっている。

それだけではない。場合によっては、「働いたら危険」ということにもなりかねない。なぜなら、基準となる所得は、前年の所得だからだ。病気になって所得がなくなっても、前の年に所得があれば、自己負担率は高く、高額療養費の天井も高い。したがって、医療費を払えないということがありうるのだ。

高額療養費制度については、見直しが図られており、70歳以上の高齢者の自己負担限度額が引き上げられる。これは、高齢者の負担を全般的に引き上げるのではなく、高額所得者の自己負担の天井を高くするような改正だ。課税所得が690万円以上の場合には、自己負担額が100万円を超えることは普通に発生してしまうだろう。

病気になって就労できなくなり、収入がゼロになっても、前年の課税所得が690万円を超えていれば、高額の自己負担が発生し、払いきれなくなる事態は容易に発生する。「働いたら危険」という事態は、現実のものとなるのだ。

今回の改正によって、先に述べたようなバイアスは強まることになる。高額所得者にのみ負担を求める(「取れるところから取る」)という問題があるだけでなく、就労に対するマイナス効果を強めるということに注意が必要である。

金融資産からの収益は、捕捉されていない可能性が高い

退職者は、多額の金融資産を保有している場合が多い。金融資産からの収益に対する課税は、つぎのようになっている。

まず、預貯金の利子等、一時払養老保険、一時払損害保険などの差益に関しては、他の所得と分離して、一定の税率で所得税と住民税が源泉徴収され、それだけで納税が完結する。したがって、それらの所得があっても、医療費関係の自己負担などの計算で捕捉されていない可能性がある。

上場株式等の譲渡益・配当については、他の所得と合計せず、分離して税額を計算し、確定申告によりその税金を納める。したがって、この場合には所得があることが捕捉される。しかし、実際にすべての人が申告しているかどうかは分からない。

こうした状況を考えると、退職金を金融資産に投資して、そこから所得を得ながら、医療費の自己負担から逃れている人がいる可能性は否定できない。

しかし、就労して所得を得る場合には、そうしたことにはならない。つまり、ペナルティーは、「所得を得ること」ではなく、「働くこと」に対してかかっているのだ。

5 「人手不足はよいことだ」とする経済財政白書の奇妙な論理

失業率低下は低生産性部門の人手不足の現れ

2017年3月に発表された「労働力調査」によれば、2月の完全失業率は2・8%になり、1994年6月以来の低い水準を記録した。これは「雇用状況の改善」と評価されている。しかし、その実態を詳しく見ると、必ずしも望ましいこととはいえない。

以下では、2013年の年平均値と17年2月を比較することにする。まず、完全失業率は、4・0%から2・8%へとかなりの改善だ。この間に、就業者数は6326万人から6427万人に約100万人増えた。他方で労働力人口が6593万人から6615万人へとほとんど変化しなかったので、失業率が低下したのだ。

しかし、就業者増のほとんどは、女性の就業者が2707万人から2793万人に増えたことによる。これは、女性のパートが増加したことによるものだ。

実際、女性の非正規が1299万人から1376万人へと77万人増えており、全体の就業者増の8割近くを占めている。

産業別に見ると、非農林業就業者は6109万人から6269万人に増加しているが、建設業は減少、製造業は微増なので、増えているのはサービス産業である。とくに、医療・福祉が顕著だ（738万人から776万人へ）。これは、日本でほぼ唯一といえる成長産業である。

しかし、生産性の向上が難しく、賃金水準は他の産業に比べて低い。

つまり、現在生じているのは、低生産性部門での人手不足の深刻化なのだ。雇用状況の改善とは言い難い。

有効求人倍率の上昇も人手不足の現れ

2017年6月の有効求人倍率（季節調整値、パートタイムを含む）は1・51倍となった。正社員は1・01倍となり、04年の調査開始以来初めて1倍を超えた。

この状況も、失業率の低下と同じように、経済状況の改善による結果だと評価されることが多い。しかし、むしろ人手不足の深刻化と捉えるべき問題である。なぜなら、倍率の上昇は、労働力に対する需要の増加にもよるが、労働供給量減少の影響も大きいからだ。

有効求人数（新規学卒者を除きパートタイムを含む、実数）は、17年6月には263万人だ。これは、13年6月から60万人の増だ。他方、有効求職者数は、17年6月には187万人で、13

年6月から54万人の減だ。このように、求人増と求職者減はほぼ同程度だ。

将来を見ると、15歳から64歳の若年層（生産年齢人口）が減少するため、労働力人口が大きく減る。日本の企業にとって、将来に向けての最大の課題は、人手不足への対応である。

ここで注意すべきは、有効求人倍率には、職業間で大きな差異があることだ。17年6月で、常用の職業計（パートタイム含む、実数）では1・26倍だが、サービスの職業は3・02倍と高い。なかでも、家庭生活支援サービスの職業3・55倍、介護サービスの職業3・36倍、生活衛生サービスの職業3・85倍、飲食物調理の職業3・00倍、接客・給仕の職業3・60倍などが高い。倍率が高いのは、賃金の低い職種であることに注意が必要だ。


日本企業にとっての最大の課題は、人手不足への対処

こうした状況が続くと、日本経済は、これまで世界のどの国も経験しなかった深刻な問題に直面すると予測される。

労働力調査によると、2006年から16年の間に、製造業では就業者が118万人減少した半面で、医療・福祉では240万人増加した。今後も高齢者は増加するため、医療・介護分野における人材需要は増えるだろう。したがって、全体としての労働力人口が急激に減少するなかで、その多くが医療と介護に使われてしまう。

拙著『1500万人の働き手が消える2040年問題』(ダイヤモンド社、2015年)で、この問題についての定量的な分析を行なった。

それによれば、15年に6598万人いた労働力人口が、25年には6059万人となり、30年に5834万人、40年に5156万人、50年で4530万人となる。他方、医療・介護従事者は、15年で746万~801万人であるが、25年では909万~1077万人になる。つまり、今後10年程度の間に、労働力人口は500万人弱減少するが、医療・介護従事者は200万人程度増加するのだ。この結果、医療・介護分野以外の産業の労働力は、大きく減少せざるをえなくなるだろう。

高生産性産業が縮小して低生産性産業が拡大するため、賃金が下落する

日本には生産性が比較的高い産業と低い産業がある。そして、これらの間には成長率の差がある。

毎月勤労統計調査のデータで見て、現金給与総額が平均より高いのは、つぎの産業だ。鉱業・採石業等、建設業、製造業、電気・ガス業、情報通信業、不動産・物品賃貸業、運輸業・郵便業、金融業・保険業、学術研究等、教育・学習支援業、複合サービス事業。

これらの産業を「高所得産業」(高生産性産業)と呼び、それ以外の産業(公務を除く)を

図表1-8 ｜ 総就業者に占める高所得産業と低所得産業の就業者の比率

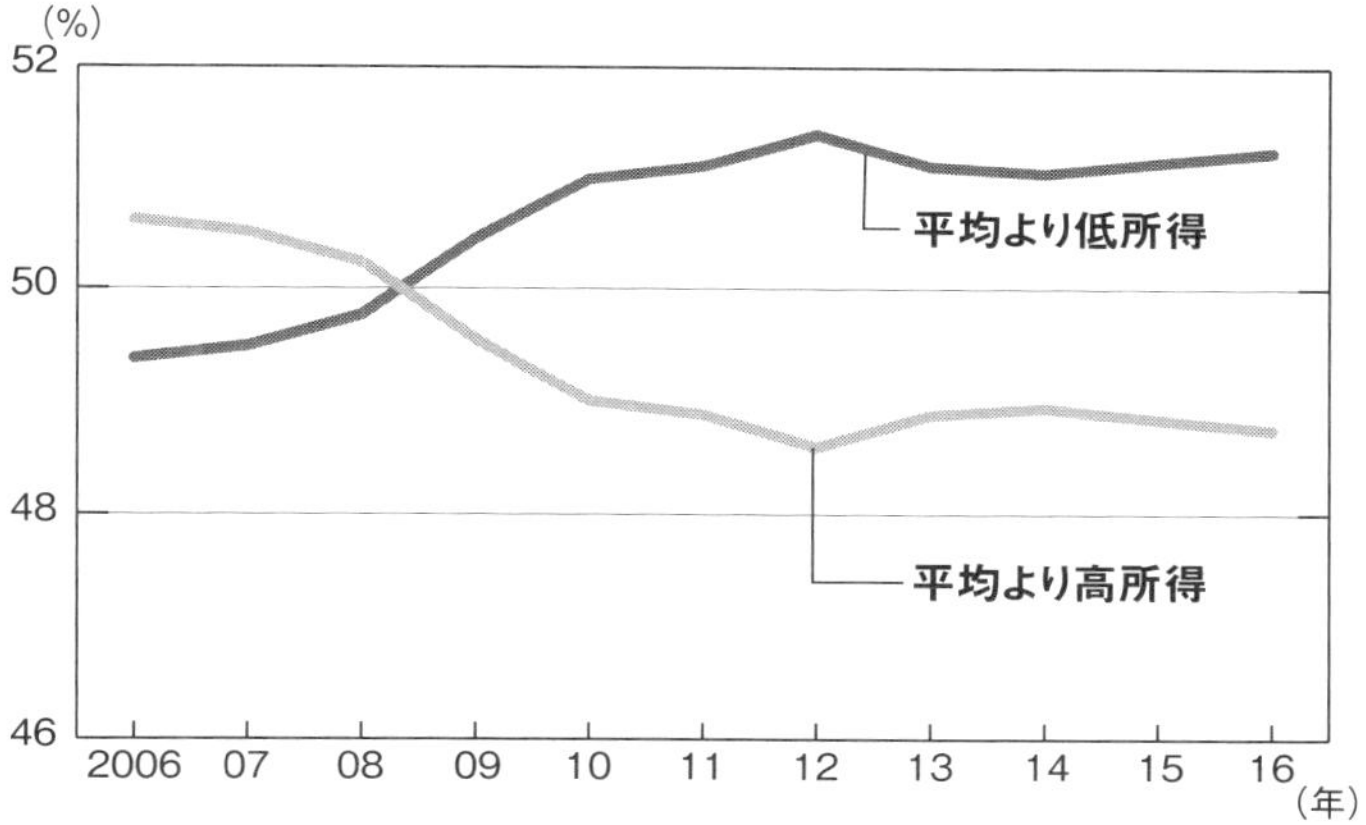

（資料）労働力調査

「低所得産業」（低生産性産業）と呼ぶことにしよう。

産業別の就業者の増加率には、著しい差がある。労働力調査によって、２００６年から16年の間の産業別就業者の増加率を見ると、例えば、製造業は、マイナス10・15％であったのに対して、宿泊業・飲食サービス業は４・55％、医療・福祉は42・03％だった。

総就業者数に占める高所得産業と低所得産業の就業者の構成比を見ると、図表１－８に示すとおり、大きな変化があった。すなわち、06年から12年頃にかけて、前者の比率が低下し、後者の比率が上昇したのだ。

その結果、06年には高所得産業の比率のほうが高かったが、08年頃を境に、低所得産業の比率のほうが高くなっている。

このような産業構造の変化が、経済全体の賃金を下落させている。

毎月勤労統計調査の賃金指数（現金給与総額、5人以上の事業所、就業形態計、調査産業計）は、06年の106・0から、13年には99・6まで下落した。16年には100・6とわずかに回復したが、長期的に見て下落傾向にあることは否定できない。

人手不足にもかかわらず賃金が上がらない理由

『平成29年度 年次経済財政報告』（経済財政白書）は、「おわりに」において、「人手不足への対応は、日本経済が持続的な成長を実現する上で、乗り越えなければならない大きな制約の一つであるとともに、（中略）生産性向上やデフレ脱却に向けた大きなチャンスともなり得る」とした。

この指摘には、つぎの2つの点で、大きな問題がある。

第1に、現実の日本経済では、労働力不足が賃金を引き上げることにはなっていない。白書も、「労働需給が引き締まっても賃金上昇率に与える影響が弱くなっている」ことを指摘している。その原因として指摘しているのは、労働生産性の向上が進まないということだ。

しかし、経済全体の賃金が上がらない大きな原因は、右で見たような労働力の産業間シフトなのだ。有効求人倍率が高いのは生産性が低いサービス産業であり、これを反映して、就業者の増加率が高いのも生産性が低いサービス産業だ。高生産性部門である製造業の就業者が減少し、低生産性部門である医療・介護、飲食サービスなどの就業者が増加している。このため、名目賃金の上昇率が抑制される（あるいは低下する）のである。

正規・非正規の区分で見てもそうだ。賃金の低い非正規が伸びているため、平均賃金が下落する（このメカニズムについては、第6章の3で詳しく述べる）。

白書は、労働生産性を引き上げるために資本装備率の向上が必要だとしている。しかし、右で見た生産性の低いサービス産業では、資本装備率の向上によって労働生産性を上げることは、不可能ではないにしても、限界がある。

白書の主張の第2の問題は、仮に名目賃金が上昇することになっても、それは製品価格に転嫁され、結局のところ、実質賃金は増加せず、したがって労働者の厚生が改善しないことの評価である。

これは、「そもそも経済の成長のためには物価上昇率が高くなるほうがよいのか、それとも実質賃金が向上するほうがよいのか」という基本的な認識の問題である。ここ数年の状況を見る限りは、物価上昇が実質賃金の伸びを鈍化させ、実質経済成長率を鈍化させていることは否定できない。

労働力不足に対応する技術が進歩している

他方で、人手不足に対応するための技術が進歩している。それをいかに活用できるかが重要だ。白書も、同様の指摘をしている。そして、例としてＡＩ（人工知能）の活用を挙げている。もちろんＡＩは大変重要な技術である。ただし、人手不足に対処するための技術はＡＩだけではない。

重要なものとして、インターネット上のサービスによって仕事の引き受け手を探す「クラウドソーシング」がある。これによって、それまで企業のなかで行なわれていた事業をアウトソースするのだ。

アウトソーシングの対象は、国内の労働者には限定されない。仕事の内容によっては、海外の労働力を求めることも可能だ。第2章の1で述べるように、アメリカの企業は、１９９０年代からグローバルなアウトソーシングをインターネットを介して行なってきた。

日本も今後、東南アジアの労働力をこのような形で活用していくことが必要だ。それは、「インターネット上の移民」と見ることができる。日本では移民に対する抵抗が強いが、このような形で海外の労働力を利用することによって、問題に対処することが可能である。

なお、働き方の柔軟性を高める方法として、本章の2で述べたように、「テレワーク」が言われている。しかし、テレワークが可能なのは、対象の仕事を他から切り離せる場合だ。もし切り離せるなら、組織のなかで行なう必要はない。アウトソースするほうが効率的だろう。

グローバルなアウトソーシングを行なう場合に問題になるのは、賃金の現地への送金だ。東南アジアでは銀行システムが発達していないので、日本から送金しようとしても銀行システムを用いる送金は難しい。しかし、ビットコインなどの仮想通貨を用いれば、この問題を解決することができる。

ところで、石原伸晃前経済財政・再生相は、白書が公表された閣議後の記者会見で、「イノベーションが潜在成長率を高めるカギだ」と指摘し、「そういうものにしっかりと予算をつけて引っ張る」とした。

前半部分の認識は正しい。後半部門はどうだろうか？　技術革新を牽引《けんいん》するのは、政府の予算ではなく、市場の競争である。さまざまな可能性が試みられ、そのなかで勝ち残ったものが社会を変えていくのだ。政府が技術開発の方向づけを決め、特定のプロジェクトに補助を与えるなら、技術開発能力は間違いなく低下する。

歴史的に見ても、政府が補助したために進歩した技術分野は、宇宙開発と軍事技術以外には見当たらない。シリコンバレーがＩＴ革命を実現したのは、スタートアップ企業の競争があったからだ。

第2章

新しい技術が可能にするフリーランサーという働き方

1 新しい情報技術が働き方を大きく変える

日本はインターネットによる国際分業を実現できなかった

ＩＴ（情報技術）の活用は、働き方に大きな影響を与える。第1章の2で述べたように、導入の必要性が昔から指摘されていたものが2つある。第1は、テレワーキングだ。第2は、フレックスタイムである。

政府も働き方改革のなかで、これらの実現を提唱している。そして導入のためにさまざまな補助策を講じている。しかし、現実を見ると、必ずしも活用されていない。これについては、第1章の2で具体的な数字を示した。利用が進まないのは、テレワーキングやフレックスタイムが日本型組織での働き方と相性が悪いためだ。仕事の一部だけを切り分けてテレワーキングにしたりフレックスタイムにしたりすることは難しいのだ。

つまり、組織における働き方の基本スタイルを従来のままにして、テレワーキングやフレックスタイムを導入しようとしても無理なのである。

ただし、以上で述べたことは、インターネットを用いて仕事を分散化する意義を否定するものではない。実際、アメリカの組織は、仕事の一部をインターネットを用いて切り離すことによって、効率性を大きく向上させた。ただし、切り離した仕事を組織の外に発注したので、これはテレワーキングというよりは、アウトソーシングだ。そして、アウトソースした先は、最初はアイルランドだったが、次第にインドに移った。

ＩＴによるこのような働き方の変化は、実は、20年以上前から世界的規模で生じている。インターネットによって通信コストが大幅に低下し、場所にとらわれない働き方が可能になったからだ。

先進国の企業が情報関連業務をアウトソースし、それを他国が請け負うことが、１９９０年代から進展した。最初はコールセンターや単純なデータ処理だったが、その後、会計処理や法律実務などの高度な業務も含まれるようになった。アイルランドやインドの経済発達は、これによって実現した。

日本は残念ながら、この流れには無縁だった。グローバルな業務は英語で行なわれる場合が多いことにもよるが、より基本的な理由は、日本企業が自己完結的で閉鎖的な構造を持っていることだ。

このため、国内においても、アウトソーシングが進まない。地方都市衰退のもっとも大きな原因は、地方都市において就業機会が減少していることであり、地方活性化のためのもっとも重要な手段は、地方に就業の機会を増やすことだ。ITを用いるアウトソーシングを行なえば、原理的にはそれが実現できる。

それは労働者の立場から見て望ましいだけでなく、企業の効率化にも重要な意味を持つ。それにもかかわらず、実現しない。日本の企業では、自社の地方事務所をつくるという発想になってしまうからだ。そして、採算性が低いことを懸念して、実現しない。

しばしば、技術開発について、体制の確立が重要といわれる。このことは、技術の開発だけではなく、活用についても重要だ。日本企業は、「技術利用のシステム」において、大きな問題を抱えているのである（これは、「技術開発のエコシステム」の問題として、第4章の6で詳しく論じる）。

日本の製造業は、2000年代に進展した水平分業化という大きな潮流に対応することができなかった。アメリカでは、アップルに見られるように、「ファブレス」（工場を持たない製造業）の方向に転換した。

しかし、日本では工場を閉鎖すれば労働者が失業するという理由で、ファブレスが望ましいと分かっていても、それを実行することができなかった。日本が遅れたのは、企業のシステムが水平分業に対応していなかったからだ。なお、「水平分業が導入できなかったのは、従業員の雇用保護が強すぎるからだ」という議論に関しては、第6章の4で論じる。

「働き方改革」にはフリーランサーが抜け落ちている

政府は、2017年3月に、「働き方改革」に関する実行計画をまとめたが、この計画は、人々が従来のように企業に雇われて、組織のなかで働くことを前提としている。日本の場合、多くの人がそのような形態で働いているので、その枠内での改革が大きな課題になるのはやむをえない。しかし、こうした枠をはめての改革には、限界がある。

他方で、情報技術の進展によって、さまざまな形態の働き方が可能になっている。だから、それを最大限に活用して、新しい働き方を探ることが重要だ。

とくに重要なのは、組織に雇われるのではない新しい働き方を求めることだ。これは、「フリーランシング」と呼ばれる働き方である。

これは、かつて、ダニエル・ピンクが『フリーエージェント社会の到来——「雇われない生き方」は何を変えるか』（ダイヤモンド社、2002年）のなかで指摘したことだ。しかし、その当時には、フリーランサーが十分な収入を得るための条件が整備されていなかった。

いま、情報技術の進歩によって、そのための条件が急速に整備されつつある。詳しくは第3章や第4章で述べるが、インターネットを介して、個人が組織と対等の立場で仕事をすることが可能になってきている。また、仮想通貨を利用すれば、これまでの個人事業での最大の難所であった送金、課金の問題を解決できる。

このような変化によって、主体性を持って働く独立自営業者、つまり、フリーランサーの世界が実現する。

これは、ある種の先祖返りだ。産業革命前、ほとんどの人々は自営業として働いていた。工場制工業が確立されて、工場に出勤して働くという形が主流になったが、フリーランサーとしての働き方が増えれば、自営業の世界に回帰することになる。われわれは、こうした意味で、経済活動の基本的な転換点に立っている。この大きな条件変化に対応できるかどうかは、企業や個人の将来の姿を大きく異なるものにするだろう。

本章の3で述べるように、アメリカではすでに3分の1を超える人々がフリーランサーとして働いている。政府の実行計画のなかにも「兼業・副業を推進」という項目があるが、もっと積極的にフリーランサーとしての働き方を求める必要がある。

2 クラウドソーシングとシェアリングエコノミー

クラウドソーシングとシェアリングエコノミー

ＩＴの活用による働き方の改革として、最近登場したものにつぎの2つがある。

第1は、クラウドソーシングだ。これは、それまで組織内で行なっていた仕事の一部を切り離してアウトソースするものだ。それを引き受ける専門家との間をスマートフォン上のアプリによってつなぐ。

第2は、シェアリングエコノミーである。これは個人が所有している資産や耐久消費財（部屋や自動車など。あるいは楽器など）、あるいは労働そのものを、需要者に一時的に使用させるものだ。供給者と需要者をスマートフォン上のアプリで仲介する。

これらのサービスは、組織に雇われて働くのではなく、個人がフリーランスとして働くことを可能にする。この点で、テレワーキングやフレックスタイムが組織のなかでの働き方の柔軟化を目指しているのとは違う。

本章の1で指摘したように、日本における「働き方改革」の議論は、組織に雇われて働くことを大前提とし、その前提の下で、労働時間や正規・非正規の区別撤廃などを論じている。そうしたことに意味がないとはいえないが、限度があることも事実だ。働き方を大きく変えるためには、フリーランサーの拡大を考えなければならない。

以下では、クラウドソーシングとシェアリングエコノミーを概観しよう。

クラウドソーシングで労働需給をマッチさせる

クラウドソーシングは、もともとは、アメリカで問題解決のために衆知を集める手法として導入されたものである。

その後、スマートフォンなどを通じて労働需給の突き合わせを行なうサービスが提供されるようになった。これにより、労働市場の情報の不完全性を克服し、従来のような長期の固定契約ではなく、短期のスポット契約で、労働を提供することが可能になった。

クラウドソーシングのサービスは、アメリカでは多数登場している。1990年代の終わりにすでにあったが、2005年頃から成長してきた。

こうした仲介サービスにより、発注側の企業としても、受注側の専門家としても、相手を見いだすのが容易になった。そして、発注側ではコストの引き下げが可能になる。

図表2-1　国内クラウドソーシングの市場規模予測

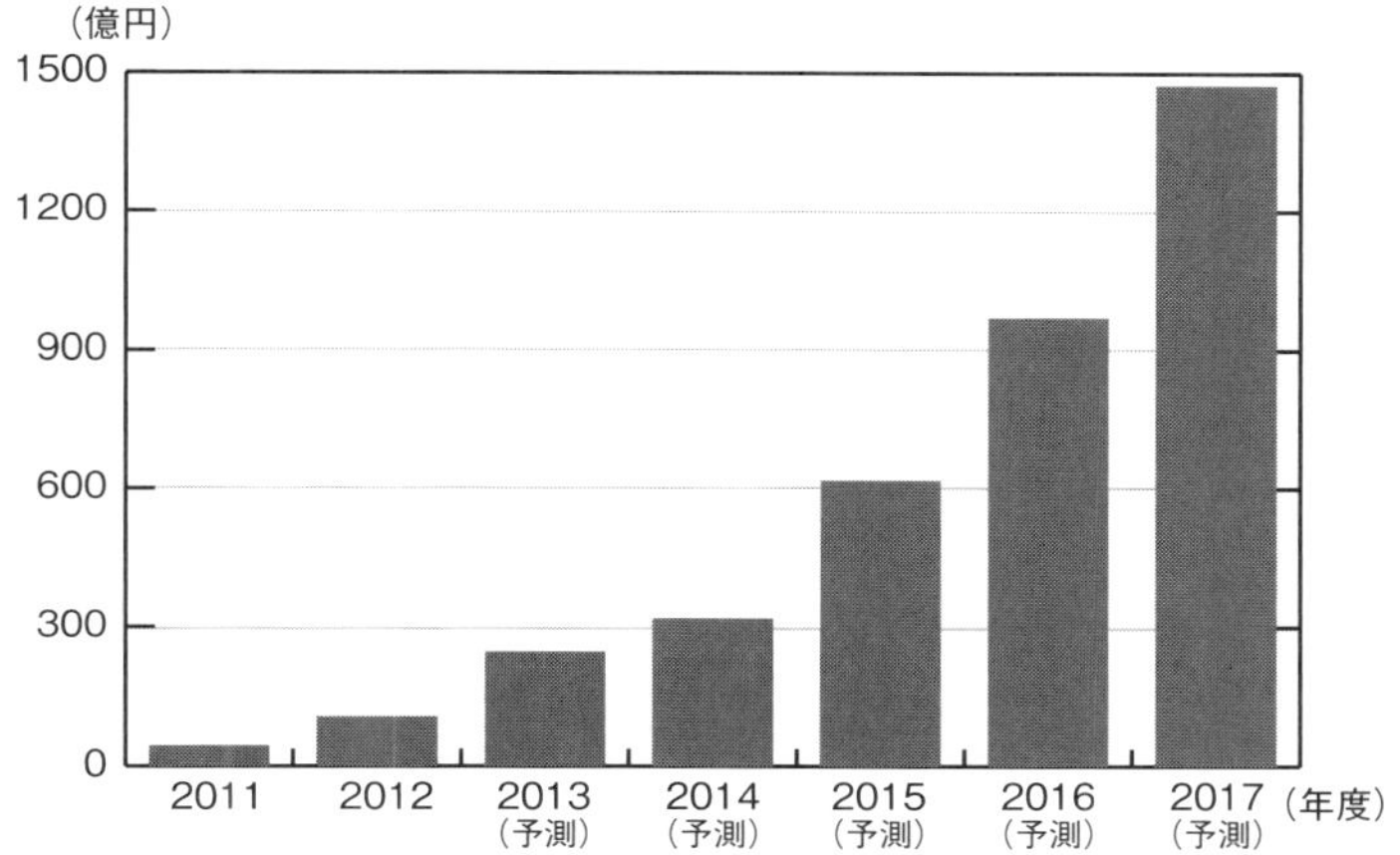

（資料）『2014年版中小企業白書』

日本でも10年頃から同様のサービスの提供が始まり、急速に成長している。仲介サイトが多数できている。日本の二大サイトは、クラウドワークスとランサーズといわれる。後者は、1万人が年間500万円稼げることを目指している。

図表2−1に見るように、17年度には市場規模が1473・8億円規模に達する見込みとされる。『中小企業白書』によると、クラウドソーシングサイトの会員数は09年には5・9万人でしかなかったが、13年には91・6万人になっている（図表2−2参照）。ただし、雇用全体に占める比率は、まだ小さい。

働き手と発注者のどちらに有利？

クラウドソーシングは、働き手から見ると、

図表2-2　クラウドソーシングサイトに登録している会員数

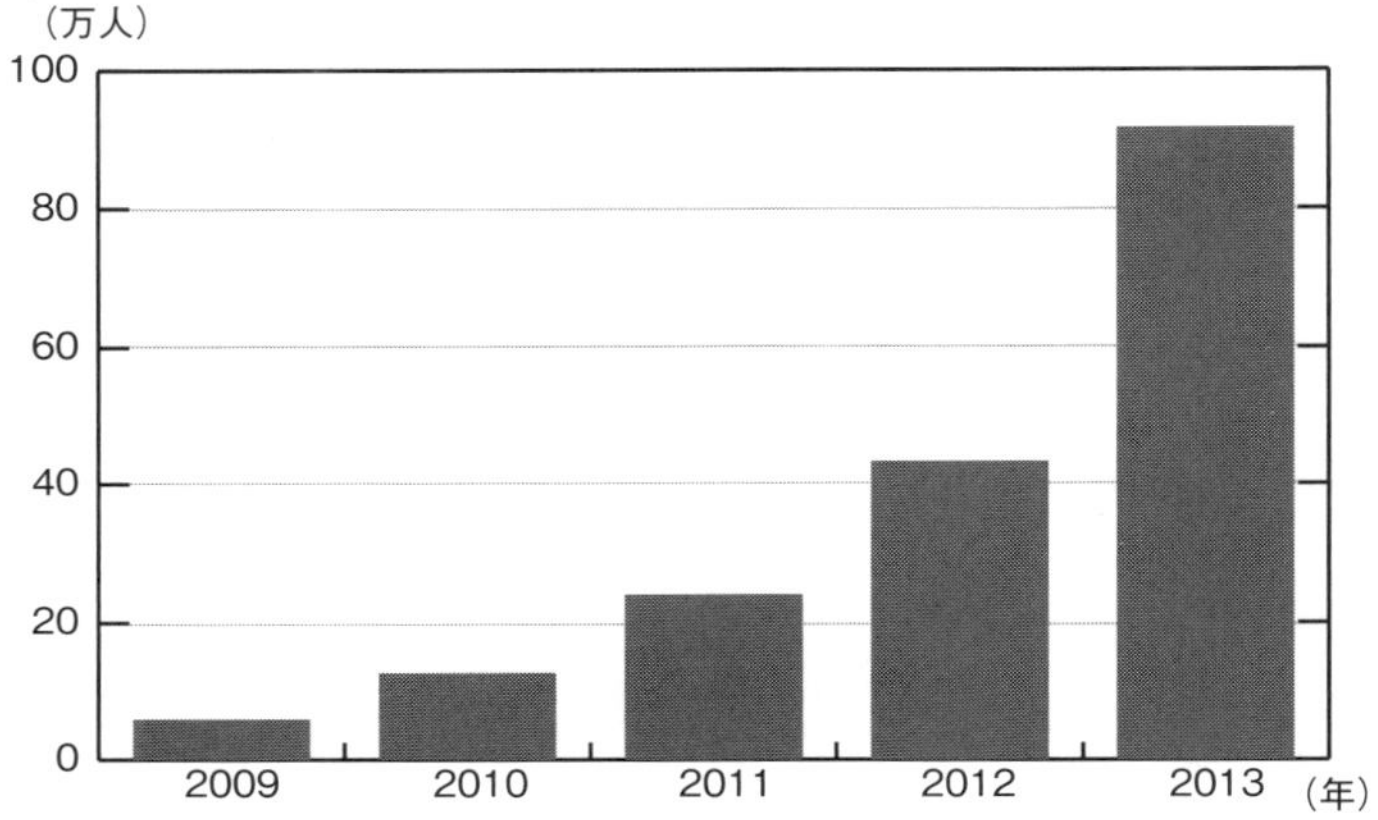

（資料）『2014年版中小企業白書』

組織に属さず、フリーランサーとしての働き方を可能にする。発注者から見ると、これまで行なってきた仕事の一部をアウトソースするための手段になる。

この2つの側面を比較した場合に、どちらにとってより有利な仕組みといえるだろうか？概して見ると、働き手よりは、発注者に有利なものであることを否定できない。つまり、働き方改革というよりも、企業の雇用改革の側面が強い。うまく活用すれば、将来の労働力不足に対応するための重要な手段になるかもしれない。

英語ができるのであれば、発注者も受注者も、グローバルな労働市場の一員になることになる。日本の場合、移民の増加に対してさまざまな社会的な制約があるので、それを代替する重要な手段になる可能性がある。

ただし、働き手の立場からすると、かなり厳しい状況がもたらされる可能性もある。従来通り、日本語という言葉の壁によって守られる部分もあるだろうが、ＩＴ関係の仕事のなかには、インドの技術者と競争して仕事をしなければならないような状態になるものもあるだろう。そうなれば、世界的に賃金が平均化する。これまで机上の空論と思われていた「要素価格均等化定理」が、現実世界の出来事となる可能性がある。(注)

なお、働き手の立場からすると、以上で述べたことのほかにも、解決されなければならない問題点がある。

第1は、最低賃金や労働時間に関する規制をどのように適用するかだ。

第2は、健康保険や年金などの社会保険制度上の扱いだ。

第3は、税法上の扱いだ。とくに、日本の場合には、給与所得か営業所得かで所得税制上の扱いが大きく異なるため、問題となる。

(注)「要素価格均等化定理」とは、同一の技術が利用でき、かつ貿易が自由であれば、労働や資本などの生産要素が実際に国境を越えて移動しなくとも、賃金率や資本の利益率などの「要素価格」が、全世界的に同一になるという定理である。開発途上国や新興国と先進国との間には賃金率などで著しい格差があるため、非現実的な定理だと考えられていた。しかし、貿易の

自由化が促進されるにつれて、賃金率や資本の利益率の平準化現象が進みつつある。なお、本文で述べたのは、「要素価格均等化定理」が想定するメカニズム（生産された財やサービスの貿易）によるものでなく、インターネットを介する生産要素（この場合には労働）の国際移動によると解釈すべきものかもしれない。

シェアリングエコノミーという新しい働き方

日本では、シェアリングエコノミーは、サービスに対する需要面から捉えられることが多い。例えば、外国人旅行者に宿を提供する、あるいは過疎地で運送サービスを提供する必要性だ。

確かに、これは重要な側面だ。しかし、それだけではなく、新しい働き方という観点からの評価も可能だ。組織に束縛されることなく、また定年などもなく、所得を得る手段を提供するからだ。シェアリングエコノミーが注目されるのは、働き方を大きく変える可能性を持っているからである。

まず、ライドシェアリングが、さまざまな社会的摩擦を伴いつつも、拡大している。それは、ドライバーがフリーランサーとして独立することを可能とする。

「ライドシェアリング」とは、自動車に相乗り（シェア）することである。これを実現するためのスマートフォンのアプリとして、Uber が有名だ。世界70カ国、４００以上の都市で利用可能になっている。実際に働いているドライバーは、100万人以上といわれる。このほか、Lyftも同様のライドシェアリングサービスを提供している。

中国もシェアリングエコノミーの重要性を認識し、推進する施策をとっている。ライドシェアリングについても、そのための法律を制定している。

Uberは、日本では単にタクシーを呼ぶためのアプリとしてしか捉えられていない。しかし、アメリカではタクシーの免許制度そのものに影響が及び、いくつかの州ではすでに白タクが可能になっている。カリフォルニア州では、ライドシェアリング規制が緩和され、白タクが可能になっている。こうなると、タクシーをフリーランシングで行なうことが可能になる。アメリカではすでに、フリーランサーとしてタクシーの運転手が登場している。これまでタクシー会社に雇用されていた人が、会社を辞めてUberに登録するといったケースも増えているようだ。

またAirbnbを通じて、自分の部屋だけでなく、新しい部屋を購入し、それを貸すようになれば、ホテル事業をフリーランサーとして行なうことになる。こうして、シェアリングエコノミーが、将来は収入源の1つになるのではないかとの期待がある（アメリカの現状について、次項で述べる）。

なお、シェアリングエコノミーに関しては、規制が大きな障害となる。これについては、本節の後の項で述べる。また、シェアリングエコノミーに対するブロックチェーン技術の応用について、第4章の3、4、5で述べる。

シェアリングエコノミーで収入を得る人が急増

JPモルガン・チェイス研究所が2016年2月に発表した報告書が、シェアリングエコノミーで働くアメリカの労働者について分析を行なっている。

同報告書は、これを、オンラインプラットフォームエコノミー（Online Platform Economy）と呼んでいる。そして、「労働プラットフォーム」と「資本プラットフォーム」に区別している。前者はUberやTaskRabbit（清掃、配達、引っ越しなどの人手の仲介サービス）のように労働を提供するもの。後者は、eBayやAirbnbのように資産を提供したり、物品を販売するものだ。

12年10月から15年9月までの期間において、1030万人がオンラインプラットフォームエコノミーで収入を得た。これは、成年人口の4・2％に上り、ニューヨーク市の人口より多い。15年9月の時点をとると、成人の1％がオンラインプラットフォームから収入を得ている（うち約4割が労働プラットフォーム、約6割が資本プラットフォーム）。12年10月においては、この比率はわずか0・1％だったので、3年の間に急激に増えたことが分かる。

収入額で見ると、この期間において労働プラットフォームからの収入は54倍に増え、資本プラットフォームからの収入は6倍に増えた。平均すると10倍だ。参加している人は、労働者全体に比べて若い人が多い。

このように、成長は急だが、副次的な収入源にとどまっている。労働プラットフォームの場合、月平均収入額は533ドルで、これは収入総額の33%だ。資本プラットフォームの場合、月平均収入額は314ドルで、収入総額の20%だ。同レポートは、「参加人数は増えているものの、プラットフォーム収入に対する依存度が増えているとはいえない」としている。

フリーランサーの収入手段としての側面を重視

新経済連盟が、2016年11月、ライドシェア推進のための提言「ライドシェア実現に向けて」を発表した。ここには注目すべき点がいくつかある。

第1は、フリーランサーの収入手段という側面を重視していることだ。シェアリングエコノミーの普及によって、フリーランサーとしての活動が容易になり、働き方や収入源が多様化し、個人の人生設計の自由度が高まるとしている。

ウォール・ストリート・ジャーナル（15年1月23日付）によると、Uberは、1回の乗車料金から1ドルと、残額の料金の20%を手数料として徴収する。Uberのドライバーの平均時給は、Uberへの手数料を除いて19・04ドル。これは、タクシードライバーやお抱え運転手の平均時給12・90ドルを上回っている。

アメリカのタクシードライバーの多くは、年間4万6500ドル以下の収入しか得ていないので、タクシー会社を辞めて Uber に登録することが増えているようだ。年間9万ドルもの収入を得る人もいるといわれる。

日本経済新聞（15年2月12日付）は、Uber から得る月3000ドルの収入の他に、乗客にダイヤモンドのセールスをして25万2000ドルを稼いだフィリピン出身のサンフランシスコの運転手を紹介している。

新経済連盟の提言で注目すべき第2点は、自動車の運行状況に関する情報を重視していることだ。

レベル4の自動運転（ドライバーが関与しない完全自動走行）が実現した社会においては、「ストック」よりも「フロー」で移動手段を考えるシェアリングがさらに進み、人々は車を所有せずオンデマンドで車を呼んで移動するようになる。

その場合、ライドシェアで蓄積したデータは自動運転にも生かされる。したがって、ライドシェアの勢力図が自動運転に引き継がれる可能性が高い。ライドシェアで敗北することは、自動運転で敗北することをも意味する、としている。

第4章の3で述べる La'Zooz は、まだ実際のライドシェアリングサービスを提供していないが、車の運行状況のデータを収集している。ドライバーがLa'Zoozに登録して車の走行状態を報告すれば、将来La'Zoozのサービスを利用する際に必要とされるトークン（Zooz）を得ることができる。La'Zoozの側では、車の運行状況を知ることができ、将来実際にサービスを提供する場合の参考にできる。自律走行車の時代に向けて、この類いの情報の価値が上がっているのだ。

日本ではライドシェアリングに対する規制が強い

ライドシェアリングに対しては、反対運動も強い。日本では、「全国ハイヤー・タクシー連合会（全タク連）」が2016年6月の通常総会で、ライドシェアリングを断固阻止する決議を採択した。バス業界でも、日本バス協会がライドシェアリング問題でタクシー業界と連携を強化することを申し合わせている。

反対が強いのは日本だけではない。フランスでは、16年1月、タクシー運転手がUberのサービス中止を求めて、暴動に近い大規模な抗議行動を起こした。

また、こうしたサービスの供給を個人が行なうことについては法制上の制約がある。日本では、道路運送法によって、許可のない人が自家用車を使って、有償で人を送迎することは禁止されている。許可なく行なうと「白タク行為」と見なされる。

こうした制約があるため、タクシーについては、免許を持たない個人がフリーランサーとしてタクシー業務を行なうことは、過疎地域などごく一部の地域において例外的に認められているにすぎない。

Uber は12年に日本に進出し、「ウーバージャパン」としてスマートフォンのアプリでタクシーやハイヤーを配車するサービスを展開している。しかし、ライドシェアリングについては進まない。

15年2月、福岡で Uber がサービスの運用試験を行なった。しかし、国土交通省から、(1)乗客から運転手への支払いはなくとも、Uber 側から運転手へ報酬の支払いがあること、(2)ドライバーにとって、運行に必要な実費を超える収入になる場合があること、という理由で、道路運送法違反とされ、サービスは中止された。

16年2月に発表された無償ボランティアの自家用車を活用する富山県での実験も、地元事業者の反発のため、予算計上が撤回に追い込まれている。

ウーバージャパンは、16年5月から京都府京丹後市で有料配車サービス「ささえ合い交通」を開始した。これは、過疎の「公共交通空白地域」に適用される道路運送法上の特例として認可されたもので、一般のドライバーが料金を取って、乗車を希望する人を自家用車で送迎する。

同市では8年前、町のタクシー会社が廃業したことから、地域住民や観光客の足を確保するため、地元のNPO法人とウーバーが連携してライドシェアリングを開始したのだ。料金もタクシーの半額程度で、利用者には好評だといわれる。

日本にも、ライドシェアリングがないわけではない。notteco（のってこ！）や、nori-na（ノリーナ）などがある。

合法か否かの判断基準は、「有償」か「無償」かだ。乗り手が運転手に対して、好意からお礼として報酬を支払う場合や、目的地まで運転するために必要なガソリン代や道路通行料、駐車場代を支払う場合は、「有償」とは見なされない（なお、自家用車のみを貸し出して利用者が運転するカーシェアリングでも、「自家用自動車有償貸渡事業」と見なされて、有償の場合は許可が必要となる）。したがって、車を運転するために必要な実費のみを請求するという方法なら認められる。notteco などは、この範囲でのサービスを提供している。

民泊についての規制緩和は本当の緩和か？

民泊については旅館業法の制約があり、免許や許可を受けない事業者がサービスを提供することは原則として禁止されている。規制の緩和がなされているが、年間営業日数の制約などが加えられている。

具体的には、つぎのとおりだ。民泊について日本でも見直しの必要性が認識されるようになり、東京と大阪で「民泊条例」が施行され、国家戦略特区に指定されている市区町村において、旅館業法の例外として一般住宅に旅行客を泊めることができるようになった。しかし、「最低宿泊日数6泊7日」という制約が課されたので、参入申請数は限定的だった。

そこで、民泊新法（住宅宿泊事業法）が、２０１７年6月に、参院本会議で可決、成立した。18年1月に施行される予定だ。

新法が施行されれば、どこでも営業が可能となる。住宅専用地域でも営業ができる。また、宿泊日数制限もない。こうした点は、評価できる。

ただし、これが本当の規制緩和なのかについては疑問が残る。とくに問題は、営業日に対する規制だ。「営業日は上限１８０日」と制限する予定とされる。自治体によっては、これより短い日数を限度にするかもしれない。

民泊に問題があることも事実だ。新法では、ゴミ処理等の適切な衛生管理や、近隣住民と宿泊者にトラブルが発生した際の対応などが運営者に義務づけられる。重要なのは、こうした問題をいかに解決するかである。周辺地住民との合意形成のための仕組みをつくるなどの積極的な対応がなされてしかるべきだ。単に民泊を抑制すればよいというものではない。

すでに述べたように、ライドシェアリングについては、16年5月から京都府京丹後市でNPOが運行管理責任を担うことで、過疎地の交通空白を埋める特例として行なわれている。しかし、他の市町村に拡大しているわけではない。日本におけるライドシェアリングは、ほとんど進展していないといわざるをえない。

政府の規制改革推進会議は、17年5月、安倍晋三首相に答申を提出した。ここでは、外国人宿泊客の増加に対応するための旅館業法の見直しなども盛り込んだ。しかし、ライドシェアリングについては、今後認める範囲を通達で明確にする方針にとどめた。

技術進歩は、可能性をさらに広げる。例えば、ブロックチェーンをシェアリングエコノミーに応用すれば、仲介のコストを切り下げることができるから、新しい働き方としての意味はさらに高まる。これについては、第4章で述べる。

古き良き時代に戻ろうというのではなく、新しい条件を直視し、新しい可能性を探ることが必要だ。

3 アメリカではフリーランサーが全就業者の37％

5つのタイプのフリーランサー

ＩＴが可能とする柔軟な働き方として第1章の2で述べたのは、組織に雇われて働く場合についてのものだ。具体的には、テレワークやフレックスタイムについて述べた。

ところが、ＩＴの影響はこれにとどまらない。本章の2で述べたクラウドソーシングやシェアリングエコノミーの発展によって、組織を離れて働くフリーランサーが増加している。アメリカでは、以下で述べるように、広義に捉えると、全就業者の3分の1を超える人々がフリーランサーとして働いている。

アメリカにおけるフリーランサーの状況は、Freelancing in America: 2016で見ることができる。このレポートは、フリーランサーとして、つぎの5つのタイプを区別している。

（1）独立契約者（独立労働者の35％、１９１０万人）

雇用されず、一時的に、またはプロジェクトベースで自分自身で仕事を行なう。

（2）分散労働者（同28％、1520万人）

従来の形の雇用やフリーランスの仕事など、さまざまな収入源から所得を得る。例えば、週20時間は歯科医の受付で働き、残りはUberで運転をしたりする。

（3）ムーンライター（同25％、1350万人）

従来の形態で雇用され、その他にフリーランスの仕事をする。例えば、企業に雇われてウェブの仕事をするが、夜には、他の会社のウェブの仕事をする。

（4）フリーランスのビジネスオーナー（同7％、360万人）

フリーランサーとして事業を所有し、何人かの人を雇用する。

（5）臨時雇用労働者（同7％、360万人）

従来と同じように単一の雇用主の下で働くが、そのステータスが臨時的なもの。例えばデータの入力作業を3カ月契約で行なう。

人々はフリーランスという働き方を求めている

Freelancing in America: 2016によれば、アメリカにおけるフリーランサーの数は、2014年には5300万人であったが、15年に5400万人となり、16年には5500万人となった。15年におけるアメリカの雇用者数は1億4884万人なので、その37％になる。

このレポートにおけるフリーランサーの定義は前記のようにかなり広く、雇用者と重複している。ただし、そのうち純粋なフリーランスである（1）の定義だけをとっても1910万人であるから、雇用者総数の13％になる。

アメリカの就業形態は、伝統的なものとはかなり変化していることが分かる。雇用者の統計だけを見ていると、アメリカ経済の実態を見誤る危険があるといえよう。

15年においてフリーランサーが稼得した所得は、1兆ドルに上った。15年におけるアメリカの賃金所得は7・9兆ドルなので、その12・7％になる。雇用者数との比率より値が小さくなるのは、フリーランサーとしての収入が副次的なものにとどまっていることを示している。それでも、これはかなり高い比率だ。

フリーランサーになった動機としては、「やむをえずというよりは、望んでそうなった」とする人の数が63％を占める。

フリーランサーの79％が、フリーランスは従来の就業形態よりもよいとしている。50％のフリーランサーは、いかに所得が高くなっても、フリーランスを捨てて従来の形の仕事には戻らないとしている。

4 日本でもフリーランサーへの関心が高まっている

日本でも副業解禁へ

これまで見たように、ITの活用によって新しい働き方が広がりつつある。本章の3で述べたように、アメリカでは、組織を離れて働く「フリーランサー」が増えている。情報技術が進歩した結果、仕事の進め方に関する自由度が高まり、1カ所に集まって仕事をする必要性が薄れたからだ。

これまで独立自営といえば、農業や小売業などが主だった。最近の特徴は、それが通常「知識労働者」といわれる人々に及んでいることだ。なお、多くの場合、フリーランサーは複数の企業と契約して働いている。

ところで、以上で述べたことは、日本の組織でサラリーマンとして働く人には、あまりピンとこないかもしれない。日本では、これまでこうした変化が進展していなかったからだ。これは、すべてを企業内で賄おうとする日本企業の構造に大きな原因があった。

しかし、状況は変化している。日本でも「副業解禁」の動きが生じているのだ。ロート製薬は、2016年4月から社員の副業を全面的に解禁した。本業に支障がない範囲で、週末や終業後に社外で勤務できる。なお、日産自動車、花王などは、以前から副業を認めている。

組織に勤めながら休日にはフリーランサーとして働くことが可能になれば、そこで得た経験や知見を本業に活かすことも可能になるだろう。会社の枠を超えて培った技能や人脈は、新規事業参入のきっかけになりうる。また、社員の多様性が高まれば、ビジネスの多角化や新技術応用の可能性が広がる、といわれる。

安倍晋三内閣の「働き方改革」において目的とされているのは、非正規労働者と正規労働者の差をなくすことだ（第6章参照）。しかし、非正規労働者が増えたのには、経済的な背景がある。それを無視して無理やり同一賃金を実現しようとしても、正規労働者の賃金が下がるか、あるいは非正規労働者の雇用が減るだけのことだ。重要な課題は、経済の新しい情勢に対応できる働き方を実現することだ。

「働き方改革」といわれる。しかし、組織で働くことを前提にするかぎり、働き方を大きく変えることは難しい。フリーランシングを実現することこそが、究極の働き方改革である。

フリーランサーについてのアンケート調査

では、人々は、フリーランサーとして働くことをどう考えているだろうか？

これについて、私のホームページでアンケート調査を実施した。以下に示すのは、その結果である。

問1「あなたの世帯の主たる収入源は何ですか？」に対する回答は、つぎのとおりだった。

- 企業の従業員としての給与（65％）
- 自営業（会社経営、税理士や弁護士などの専門職、店舗、フリーランサーなど）としての収入（26％）
- 資産収入（金融資産の運用益、家賃収入など）（6％）
- 年金（3％）

つぎに、問2「あなた（あるいは世帯主）が会社の従業員である場合、今後の予定は？」に対する回答は、つぎのとおりだった。

・会社勤務を続けながら、フリーランサーで副収入を得たい（48％）
・いずれ会社を辞めて、フリーランサーで生計を支えたい（34％）
・これからも会社の給与だけで生計を立てる（18％）

給与所得者のなかで「今後も給与所得だけで生計を立てる」とする人は、少数派にすぎないことが分かる。この結果は、印象的だ。

そして、多くの人が、「会社に勤めながら副収入を得たい」、あるいは「独立したフリーランサーとして収入を得たい」と考えている。

この結果に「サンプルセレクション・バイアス」（標本選択による偏り）があることは否定できない。つまり、「私のツイッターやホームページを見る人々は、もともとフリーランサーへの関心が高い」という可能性がある。だから、この結果をもって、日本人の平均的な関心の高さを推しはかることは、もちろんできない。

しかし、かつての高度成長期に一般的であった「会社がすべて」的思考が大きく変わってきていることは否定できない。「働き方改革」を考える場合、雇用する企業の側としても、従業員の意識がそのように変化していることに注意を払う必要があるだろう。

なお、この結果は、第3章で紹介する「仮想通貨に関するアンケート調査」において、仮想通貨を保有する目的として、値上がり益の期待だけでなく、「フリーランサーとしての収入を得る手段」を挙げている人がかなりいることと整合的だ。

仕事の自由度は魅力だが、収入の不安定や社会保険に不安

では、フリーランサーとしての仕事は、どのように評価されているだろうか？

まず、魅力について、問3「フリーランサーのどこが魅力的だと考えますか？」（複数回答が可能）に対する回答は、つぎのとおりだった。

- 組織のしがらみや、会社内の人間関係に煩わされずに、自分の能力を発揮できる（63％）
- 自分がやりたいことをできる（48％）
- 仕事の時間を自由に設定できる（45％）
- 会社が倒産することもありうるし、人員整理される危険もある（24％）
- 転勤がない（8％）

また、問4「フリーランサーで仕事をする場合に、何が障害になるとお考えですか？」（複数回答が可能）に対する回答は、つぎのとおりだった。

・収入が不安定（74％）
・十分な収入が得られそうにない（46％）
・年金や医療保険等の社会保険の面で不利（33％）
・世間体が良くない（12％）
・家族の理解が得られない（12％）

このように、フリーランサーとしての仕事は、組織に縛られずに能力を発揮できることが評価されている半面で、収入が不安定であることに対して危惧が表明されている。

フリーランサーの仕事として具体的にどのようなものがあり、どの程度の収入を得られるかを探ることが重要な課題だ。

なお、このアンケート調査の回答者の年齢分布は、つぎのとおりである。

40代（47％）、50代（27％）、30代（15％）、20代以下（7％）、60代（3％）、70代以上（2％）

「会社がすべて」の意識は大きく変わる

フリーランサーは収入が不安定であるのが大きな問題だといわれる。私が実施したアンケート調査においても、フリーランサーの問題点として、そのことが挙げられていた。

これは、「十分な収入が得られそうにない」という項目より多かった。フリーランサーの問題とは、所得が低いことよりは、むしろ不確実であることなのだ。

しかし、会社などの組織に雇われてさえいれば、安定した生活ができるだろうか？　高度成長期にはそうだったかもしれないが、いまの日本は当時とは大きく違う状況になっている。大企業に正社員として雇われていたところで安全とはいえない。シャープや東芝に見られるような事態は、10年前ですら想像できなかったが、いまでは当たり前のことだ。今後、こうしたケースはさらに増えるだろう。

組織に重大な問題が生じた場合に備えて、フリーランサーとして収入を得られる方途を探っておくことが必要だ。

フリーランサーなら兼業も可能、現在の勤務も維持できる

フリーランサーとしての仕事は、組織に雇われながら、副業として行なうことも可能だ。

事実、右記のアンケート調査でも、「会社勤務を続けながら、フリーランサーで副収入を得

たい」という回答がもっとも多かった。

企業の側でも、正式に副業を認めるところが増えている。副業として行なっていることが、本業に対してプラスの影響を与えるという効果が認識されつつあるためだ。

転業するのではなく、現在の組織での勤務を続けながら、フリーランサーを副業として行なうスタイルは、今後の働き方として重要性を増していくだろう。

第3章

仮想通貨はフリーランサーを支える

1　仮想通貨の利用が広がる

仮想通貨が身近な存在になる

仮想通貨やブロックチェーン、ＡＩなどの新しい技術を、実際の生活のなかで誰もが利用できるようになった。これは、非常に大きな変化だ。

以下では、これらの新しい技術のうち、仮想通貨の利用を中心として、その可能性を探ることとしよう（ブロックチェーン技術の応用については、第４章で考える）。

これまでのところ、ビットコインの購入は、値上がり益を期待した投資目的のものが多かった。しかし、それでは、ビットコインの可能性のごく一部を使ったことにしかならない。

ビットコインがこれまで投資目的に使われることが多かったのは、送金手段としては（潜在的には非常に有望であるにもかかわらず）使いにくいという事情があったからだ。

実際、ビットコインの利用手数料が低いというが、ゼロではない。また、即時に決済できるものでもない。

しかし、その事情が変わりつつある。ビットコインについていえば、ライトニングネットワークなど、使いにくさを補うサービスが登場してきた。これによって、ビットコインの利用範囲が投資対象以外に広がろうとしている。

２０１７年4月から改正資金決済法が施行され、仮想通貨が正式な決済手段として認められることになった。これによって、仮想通貨を、単なる値上がり益の期待で保有するのではなく、決済手段として利用するための法的な仕組みが整備された。

ビックカメラは、17年4月、ビットコインによる決済を試験導入した。決済額は10万円相当までで、決済額の10％をポイントで還元する。販売員がビックカメラのビットコインアドレスを含む二次元バーコードを提示し、購入者はこれをビットコインウォレット（電子財布）アプリで撮影して、ビットコインを送信する。リクルートライフスタイルも26万店でビットコインを利用できるようにする。

周辺サービスの提供も進む

「ビットコインで支払いをする」と述べたが、当然のことながら、それは、相手がビットコインを受け入れてくれる場合のことである。

ただし、現在のところ、直接にビットコインを受け入れる店舗は限定的だ。日本では、ことにそうである（現在、ビットコインを受け入れる店舗は4500カ所程度といわれる）。

右に紹介したビックカメラのケースでは、ビットフライヤーが提供するビットコイン決済サービスを採用した。顧客が支払うビットコインは同社が受け取り、日本円を店舗に入金する。このため、店舗側は、ビットコインの価格変動リスクを負わないことになる。店舗が支払う決済手数料は1％で、クレジットカード決済などに比べると安価で済む。

リクルートライフスタイルの試みは、取引所のコインチェックと組んで、POS（販売時点情報管理）レジアプリ「エアレジ」を使う店舗が希望すれば、ビットコインで支払えるようにするというものだ。コインチェックが日本円に変換し、店舗に振り込む。

エアレジは、小売店や飲食店を中心に全国の26万店が採用している。仮にこれらのすべてがビットコインを受け付ければ、38万店のSuicaや47万カ所のEdyの規模に近づくことになる。

ビットコインを受け入れる店舗が増えれば、競争上、他の店舗も受け入れざるをえなくなるだろう。受け入れ店舗数がある限界値を超えれば、ビットコイン決済は急速に普及する可能性がある。とくに、現在はクレジットカードを使えない零細中小店舗が受け入れることになるだろう。

メガバンクも仮想通貨を発行

また、金融機関も仮想通貨の応用に向けて積極的な取り組みを行なっている。三菱東京UFJ銀行は、2018年度中に独自の仮想通貨MUFGコインを一般向けに発行すると報道されている。他のメガバンクも同様の計画を持っているとされる。こうしたサービスが広がれば、多くの人が仮想通貨を身近なものとして用いることになるだろう。

また、中央銀行による仮想通貨の導入が計画されている。とりわけスウェーデン中央銀行の積極的な取り組みが目立つ。同行は、eKronaという仮想通貨を発行するか否かの決定を、2年以内に行ないたいとしている。この背景には、09年以来、同国では紙幣とコインの使用が40％も減少したという事情がある。

ただし、技術的には可能であっても、実際には規制などによって利用が制限されているサービスもある。また、「アメリカでは利用可能であっても、日本では利用できない」というサービスも多い。したがって、現実の世界でどれだけのことができるかは、試行錯誤によって探らざるをえない。

また、仮想通貨はこれまでになかった新しい存在なので、どう使えばよいのかは、必ずしも自明ではない。最適な利用法も、試行錯誤で探らざるをえない。

2

仮想通貨が仕事をどう変えるかを探る

取引手数料が下がれば金融取引の範囲も広がる

ビットコインの価格は、２０１６年に約2倍になり、17年にも著しく上昇した（図表３－１参照）。こうしたことから、日本では値上がり期待でビットコインを購入しようとする関心が高まっている。

しかし、本当に重要なのは、ビットコインを使うことである。

ビットコインを使うことの経済的な意味は何か？　それは、世界中のどこにいる相手とでも、いつでも、迅速に、かつ低いコストで取引ができることだ。これは、経済活動の姿を大きく変える。とりわけ大きな恩恵を受けるのは、個人や零細企業だ。

大きな変化は、まず金融取引の分野で起きる。われわれは、金融サービスに手数料を払う世界に生きている。

まず、送金にかなり高い手数料がかかる。とりわけ海外への送金手数料は非常に高い。また、

図表3-1　ビットコインの価格推移

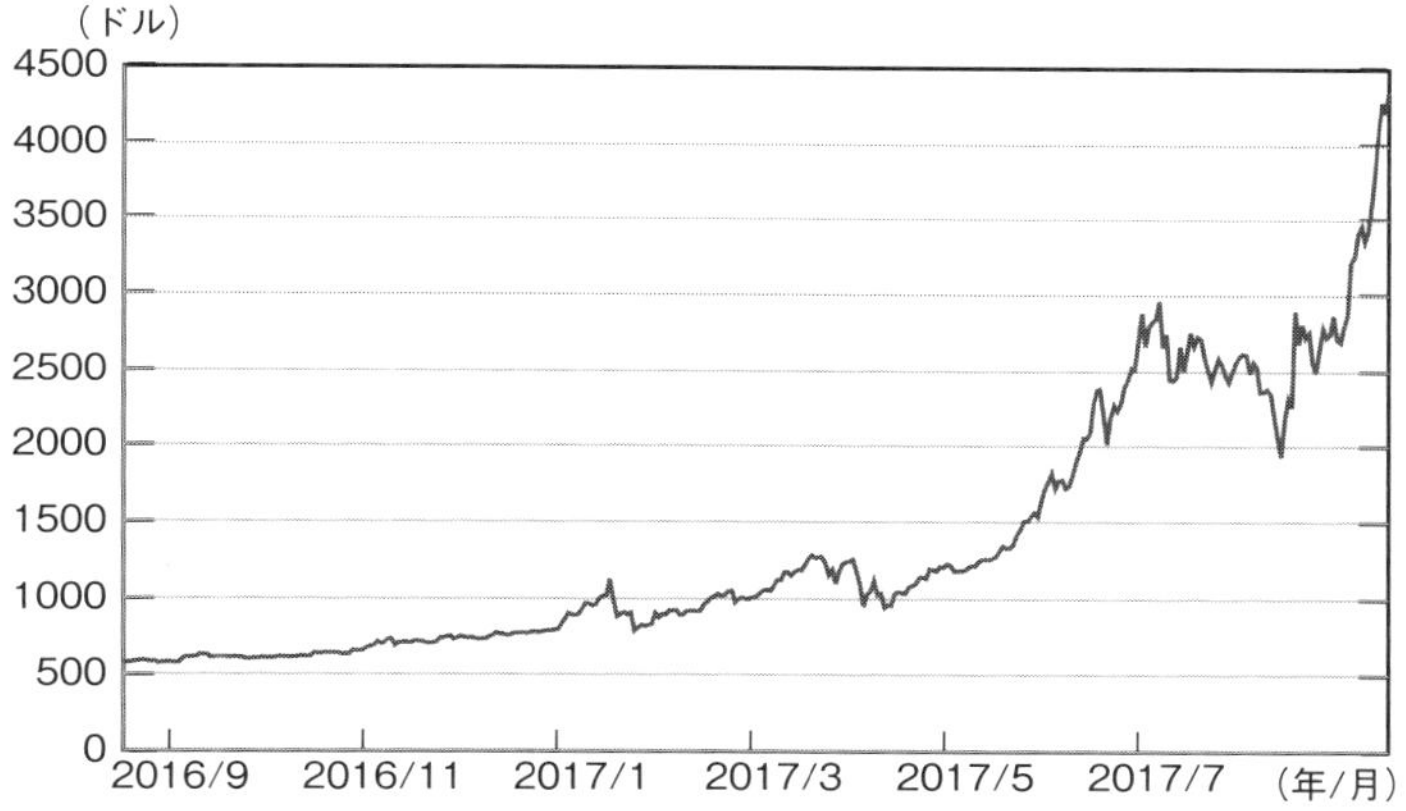

（資料）Blockchain.info

株の売買もＦＸ取引も、手数料がかかる。そのため、取引自体は利益を出しているにもかかわらず、それが手数料に消えてしまうことがしばしば起きる。つまり、金融取引の利益の多くが、取引の仲介者に召し上げられてしまうのだ。

ところが、ビットコインは、この状況を変える。取引所でビットコインを購入する場合の手数料はゼロであることが多く、また、ビットコイン送金の手数料も非常に低い。送金相手がビットコインを受け入れるかぎり、低いコストで送金ができることになる。しかも、３６５日、24時間いつでも送金が可能だ。

したがって、銀行にとっての大きな収益源である送金サービスは、潜在的には、もはや不要のサービスになってしまっているのだ。とりわけ、海外送金についてそうだ。銀行からすれば、実に大きな問題である。銀行が独自の仮想通貨を導入せざるをえないのは、当然のことだ。

ところで、ビットコインには大きな欠陥があった。それは、取引の処理能力が低いことだ。クレジットカードのビザやマスターなどは、1秒間で最大で4万5000取引まで処理できるといわれている。通常はこの10分の1の処理を行なっており、1日あたり4億〜5億の取引を処理している。ところが、ビットコインは、1秒間に7取引、10分につき1メガバイトまで、1日で最大60万件程度までしか処理できない。

ここ数年、この点の改善が大きな課題とされ、議論が行なわれていた。いくつかの方法が提案されたが、関係者の利害対立もあり、なかなか合意が得られなかった。

さまざまな経緯の末、2017年7月にSegwitという方法を採用することで、決着した。これによって、以下に述べるような超少額・高頻度取引を行なえる条件が整った。

「ライトニングネットワーク」によってマイクロペイメントが可能に

従来の送金システムでは、少額の送金は、コストが高くなりすぎて、現実には行なうことができなかった場合が多い。

ビットコインの手数料は従来の手段に比べて大幅に低いので、この点は大きく改善された。ただし、ビットコインの手数料が安いとはいっても、ゼロではない。このため、きわめて少額の送金では、手数料は負担になる。

ところが、この問題を解決する新しい技術である「ライトニングネットワーク」が開発されている。これは、一連の取引の最初と最後だけはブロックチェーンに記録するが、その間の少額の取引はブロックチェーンに記録せずに進めるというものだ（ただし、一連の取引が終了すれば、ブロックチェーンに記録する）。

このため手数料がきわめて低くなる。しかも、巧みな仕組みによって不正行為が防止されることになっており、「取りはぐれ」といった事態は生じないようになっている。そのため、取引の相手方を信用する必要はない。

この技術は現在開発中だが、近い将来に実用化されると期待されている。もしこの技術が使えるようになれば、本当の意味での「マイクロペイメント」（少額の送金）が可能になる。すなわち、「何百分の1円を1秒間に数百回送る」というような超少額、高頻度取引を行なうることになる。それによって、ビットコインの利用範囲は飛躍的に広がると期待されている。

なお、本章の4で述べるように、マイクロペイメントのシステムは、これ以外にもある。

少額の送金が可能になれば専門知識の潜在価値を現実化できる

マイクロペイメントが可能になると、個人や零細企業が、ウェブで商品やサービスを売ることが可能になる。

ただし、モノを売ろうとすると、物流の問題を避けることができず、ここでかなりのコストが発生する。物流の部分は専門業者に頼らざるをえず、ここでかなり高い手数料を取られるからだ。

それに対して、情報を売るのであれば、物流問題を避けられる。だから、個人によるウェブビジネスが現実的なものとなる。

インターネットを使うフリーランサーの仕事としては、何らかの意味で「情報を売る」のがもっとも効率的だ。ただし、問題は、何を売るかだ。具体的な内容は本章の3で述べるが、一般的にいえば、つぎのようなことだ。

需要に比べて供給が多い分野では、低賃金労働に落ち込んでしまう。そこで、需要と供給の両面の事情をよく見て、自らにもっとも適しているサービスを選択することが重要だ。

これまで有料で提供されてきた情報は、一般的な対象に向けたものがほとんどだ。その原因は、個別的な情報だと少額の送金が必要になり、それが難しかったからだ。

しかし、料金をビットコインで受け取り、ウェブでサービスを供給する形にすれば、個別的な情報サービスを有料で提供することができる。その場合には、他の人ができないサービスを提供することが重要になる。

シェアリングエコノミーなどでの活用

ビットコインの利用法としては、有料情報の提供以外に、つぎのようなことも考えられる。

第1は、外国のウェブ店舗から商品を購入することだ。

日本では、ビットコインを受け入れるオンライン店舗はまだ限定的だ。しかし、外国には、ビットコインを受け入れるオンラインショップがかなりある。ウェブ上では、とくにそうだ。

そこで、ビットコインを用いて外国のウェブショップから商品を購入し、日本で売るというビジネスが考えられる。

第2は、現実の店舗でビットコインを支払い手段として受け入れることだ。これによって、レジの業務などを省力化し、経費節減を図ることができるだろう。

第3は、第2章の2で述べたシェアリングエコノミーへの応用だ。

現在のシェアリングエコノミーは、仲介者が高い手数料を徴収している。このかなりの部分は、送金手数料によるものと考えられる。この部分がビットコインに置き換われば、手数料を引き下げられるだろう。

さらに、ブロックチェーンという新しい技術を用いる新しいサービスが登場すれば、仲介者なしに個人や零細企業がシェアリングサービスを提供できる。すでに、ブロックチェーンで鍵の開閉を電子的な手段で行なうスマートロックを運営するサービスが開発されている（ブロックチェーンについては、第4章の3参照）。これを使えば、自転車などをレンタルできる。あるいは、使わなくなった楽器や高級スピーカーなどのレンタルも可能になるかもしれない。

クラウドソーシングなどでの活用

第4に、クラウドソーシングへの応用がある。

第2章の2で述べたように、フリーランサーとしての仕事をネットを通じて紹介する仕組みであるクラウドソーシングが広がっている。日本でも、いくつかの仲介サイトが存在する。こうしたサービスによって、発注側にとっても仕事の受け手にとっても、適切な相手を見つけやすくなっている。しかし、実情を見ると、低賃金労働に陥りやすい傾向があることも否定できない。それに、仲介手数料も決して安くはない。

ところが、クラウドソーシングをブロックチェーン技術を使って運用しようという試みがなされている。現在はまだ実験段階だが、こうしたサービスが実際に提供されるようになれば、現在ある手数料の高いクラウドソーシング仲介サービスに依存する必要はなくなる。あとは、どれだけのサービスを提供できるかという中身の問題だけになる。ブロックチェーンを用いたクラウドソーシングにおいては、サービスの対価は、ビットコインなどの仮想通貨を用いて支払われることになるだろう。

ビットコインが用いられる世界で専門的知識を使って収益をあげる第5の方法は、予測市場に参加することだ。

予測市場とは、将来の出来事について賭けをする市場である。掛け金を払って予測し、予測が当たれば配当をもらえる。

予測として立てるものは、何であってもよい。例えば、「大統領選挙で誰が当選するか？」「今年の夏は冷夏になるかどうか？」「日経平均株価が今年中に2万5000円を超えるか？」などである。

予測市場自体は昔からあった。インターネット上の予測市場もいくつも開設された。ただし、これらは賭博行為に当たるとして、当局の取り締まり対象となり、閉鎖されてきた経緯がある。

ところが、ブロックチェーンを用いて運営される予測市場は、閉鎖を強制することができない（それは、ビットコインを禁止できないのと同じである）。しかも、胴元がいないため、透明で公平な予測市場が形成されるといわれている。現在すでに、Augar や Gnosis などの予測市場が実験的に運営されている。

予測市場を用いると、これまで金融取引として行なわれてきたさまざまなリスク対処取引（先物取引、オプション、デリバティブ取引など）を代替することができる。このため、きわめて大きな潜在可能性があると考えられている。

予測市場とは、単なるギャンブルではない。ある種のテーマについて、専門家は専門的知識を使えることで、予測市場において他より有利な立場に立っている。こうした形で専門的知見を収益化することもできる。

3 仮想通貨がフリーランサーの可能性を大きく広げる

現状ではアドセンスとアフィリエイトが主流だが……

個人がインターネット上で収入を得る手段として、現状ではつぎの2つが主流になっている。

第1は、グーグルのアドセンス広告である。これは、個人が自分のブログやホームページのスペースを提供し、そこにグーグルが配信する広告を掲載するものだ。

第2の方法は、企業と連携し、ウェブサイトに企業サイトへのリンクを張ることだ。これは、アフィリエイトと呼ばれる。

ただし、どちらにも問題がある。

第1に、普通はそれほど多くの収入を上げることはできない。

第2に、アクセス数を増やすことが必要であり、そのために大量の情報を流して検索エンジンの上位に表示されることを狙う。これが高じると、他のメディアが作成した情報をコピーし大量の記事を投稿させるといった手法が用いられることになる。これは、ＩＴ大手のディー・

エヌ・エー（DeNA）が運営するキュレーションサイトの問題として顕在化した。この問題については、本章の4で詳しく論じることとする。

情報の有料配信やアドバイスのサービス提供

本章の2で述べたように、他の人が提供できない有用な情報を提供できるのであれば、有料配信が可能である。

高度成長期に活躍したシニア世代であれば、その経験を伝えることができるだろう。また、双方向の通信を行ない、質問に答えたりアドバイスを行なったりすることも可能であろう。

例えば、つぎのようなサービスが考えられる。

- 投資コンサルティング
- 相続のアドバイス、事業のアドバイス
- 法律相談
- 家の購入、建築アドバイス
- 受験アドバイス、就職アドバイス、転職アドバイス
- 健康アドバイス

・翻訳、文章添削、代筆、家庭教師、英会話個人レッスンなど

私自身も、アメリカ滞在時に、所得税の税務申告を、ウェブで見つけた代行者に依頼したことがある。

これらは、現在でも、ネットを通じて不特定多数の人に仕事を委託するクラウドソーシングで仲介されているが、かなりの仲介手数料を取られる。

こうしたサービスを行なうには、クラウドソーシングで仕事を受けるよりは、自分自身のホームページやブログから発信するほうがよいだろう。そのほうが、自分の都合に合った仕事を、有利な条件で手に入れることができるはずだ。

こうしたサイトの構築は、現在のウェブ技術では、専門的知識がなくても、比較的簡単にできる。また、さほどのコストもかけずにできる。ただし、サービスの需要者を見つけることが重要で、そのためにさまざまな工夫が必要になるだろう。

問題は課金システム

こうしたサービスを提供するに当たって、課金が大きな問題として立ちはだかる。

現在、もっとも多く使われているのはクレジットカードの決済だ。しかし、これは事業主体

が大企業でないと、実際には難しい。つぎの3つの条件をクリアしなければならないからだ。

第1に、クレジット会社による審査に通る必要がある。

第2に、インターネットにおける「SSL認証」を得る必要がある。これは、情報の受け取り手に関する身元証明書のようなものだ。この認証を受けていないウェブサイトを開こうとすると、ブラウザに警告が出る。したがって、人々はそこにクレジット番号を伝えるのを躊躇《ちゅうちょ》するだろう。

SSL認証は、認証局が、他の当事者に証明書を発行することによってなされる。認証局のピラミッドで最上位にいるのが「ルート認証局」といわれるもので、自分で自分の正当性を証明する。ルート認証局がブラウザに登録されていれば、警告は出ない。それ以外の認証局は「中間認証局」と呼ばれ、上位の認証局からデジタル証明書を発行してもらうことによって、自らの正当性を証明する。ただし、そのためには、かなりの費用がかかる。事実上、大企業にしかできない。

第3に、クレジットカードの利用手数料がある。これは、通常、決済額の2~4%だ。買う側（代金の支払い者）はふだん気づかないが、認証に関わるコストやクレジットカードの手数料は、売り手（代金の受取り者）が負担している。

普通は、前記の第3の「送金コストが高い」という問題が論じられることが多いが、これは、第1と第2の問題が解決できてからあとの問題だ。実際には、コストの問題より前に、第1と第2の問題をクリアできない場合が多いのである。

情報の有料配布について見ると、現状でも、課金のシステムを持っているところは、大新聞や出版社の一部だけで、出版社では持っていないところが多い。

ましてや個人であれば、クレジットカード決済のシステムを持つことは、ほとんど不可能だ。何らかの仲介サイトに依存せざるをえない。そこで手数料を取られる。

なお、アメリカで税務申告をインターネット経由で依頼したときに、料金をどのようにして支払ったか記憶がないのだが、多分、小切手を送ったはずだ。だから、これまでの仕組みでも、個人への送金がまったく不可能だったわけではない。ただし、コンテンツの販売というようなことにいちいち小切手を送るのは面倒で、とても実用にならない（それに、日本では個人の小切手はあまり使われていない）。

仮想通貨なら少額の支払いができる

ところが、ビットコインは、右に挙げた問題のすべてを解決している。

まず、クレジットカードの場合のように審査を受ける必要はない。

また、ＳＳＬ認証のような認証を受ける必要もない。

そして、送金コストが非常に低い。ライトニングネットワークが利用できるようになれば、ほとんどゼロのコストで送金ができる。このため、マイクロペイメント（少額の送金）が可能になる。

また、個人のホームページやブログでビットコインを受け入れる仕組みをつくるのは、いまやきわめて簡単だ。さらに、ビットコインを受け入れた場合にのみ閲覧可能とする仕組みも、比較的簡単に構築できる。

以上で述べたように、仮想通貨はフリーランサーの可能性を大きく広げるのだ。これによって、少額の支払いや決済ができ、とりわけウェブを通じたコンテンツの有料配布が可能になるのである。

コストが下がることはもちろん重要であるが、それ以上に重要なのは、これまで資金を受け入れる手段を持たなかった人が、その手段を獲得したということだ。これはきわめて大きな変化である。

ただし、問題は、ビットコインを有している人が少ないことだ。この問題の解決のためには、仮想通貨の利用が広がることが必要だ。

メガバンクが発行する仮想通貨によってビットコインと同様のことができるかどうか、いまのところ詳細は分からない。しかし、原理的には可能になるだろう。メガバンクが仮想通貨を発行し、それに関して現在のビットコインと同じようなインフラストラクチャーが構築されれば、ビットコインの場合と同じように、個人が送金を受け入れることが可能になるだろう。

他行預金保有者に送金する場合のコストはゼロではないだろうが、送金を受ける場合には、それは大きな問題ではない。仮想通貨を発行しているすべてのメガバンクのウォレットを用意すればよいだけのことだ。

重要なのは、仮想通貨の利用者が増えるということだ。送金を受け入れる観点からすれば、利用者の増大こそが、大きな状況の変化をもたらしうるのである。

仮想通貨で働き方が変わる

以上で述べたように、個人がフリーランサーとして収入を得ようとする場合に、ビットコインは重要な手段になる。ただし、そのためには、多くの人々が仮想通貨を持っていることが必要だ。

これに関して、私はホームページでアンケート調査を行なった。

まず、問1「あなたはビットコインを保有していますか？」に対する回答は、つぎのとおりだった。

・保有している（50％）
・保有していないが、近い将来に保有するつもり（38％）
・保有しておらず、将来も保有するつもりはない（13％）

仮想通貨に対する関心が、驚くほど高いことが分かる。この最大の原因が、第2章の4で述べた「サンプルセレクション・バイアス」（標本選択による偏り）にあることは間違いない。ただ、意外だったのは、すでに「保有している」という1番目の回答が、2番目の回答より多かったことだ。私は、2番目の回答がもっとも多いのではないかと考えていたのだが、この予想は覆された。

これは、「嬉しい誤算」だ。なぜなら、ビットコインなどを用いる事業を始めても、保有している人が少なければ、事業が成り立たないからだ。問1の結果は、「仮想通貨を用いたフリーランサーの可能性を探ることに十分意味がある」との励ましになっている。

つぎに、問2「あなたが、現在仮想通貨を持っている（または将来持ちたいと考える）理由は何ですか？」（複数回答が可能）に対する回答は、つぎのとおりだった。

・円やドルなどの現実通貨に対する値上がり益の期待（66％）

・外国のウェブ店舗での買い物（31％）
・フリーランサーとしての報酬の受け取り手段（30％）
・海外送金（22％）
・ビットコインを経由してドルなどの外貨を保有する（22％）
・国内のウェブ店舗での買い物（18％）
・海外旅行（16％）
・国内のリアルな店舗での買い物や食事（16％）
・自分が経営するウェブ店舗での入金手段（13％）
・自分が経営するリアルな店舗での入金手段（6％）

値上がり益の期待がトップになってしまうのは、やむをえないことともいえるが、それだけでなく、「フリーランサーとしての収入を得る手段」を挙げている人がかなりいることも注目される。仮想通貨を保有する目的は、値上がり益の期待だけではないのである。

4 仮想通貨で可能になる広告モデルからの脱却

キュレーションメディアの問題点

インターネットで提供されている情報や知識の大部分は無料であり、多くの事業は広告収入で支えられている。したがって、記事ができるだけ多くの人に閲覧されることが重要で、そのために検索エンジンで上位に表示されるよう、さまざまな手法が用いられる。こうなると、記事の内容を充実させることよりは、記事を大量生産することが優先されてしまう。そして、記事の質が低下する。

こうした問題が顕著に表れたのが、キュレーションメディアの閉鎖事件だ。２０１６年11月から12月にかけて、ＩＴ大手のディー・エヌ・エー（ＤｅＮＡ）が、外部ライターの記事を集めたキュレーションサイトの公開を中止するという事件が起きた。他のサイトの記事を無断で利用しており、内容にも誤りがあるのではないか、との指摘が寄せられたことによる。

このサイトでは、クラウドソーシングを通じて集めた外部ライターが、きわめて低額の料金で記事を書いていた。他のメディアがコストを掛けて取材し作成した情報をコピーし、盗用との指摘を受けないように、また検索にかかりやすいように、表現を一部変えて掲載していた。記事は投稿という形で掲載される。ロボットによって関連記事を自動的に収集するようなことも行なわれていたという。

ディー・エヌ・エー問題の発覚に伴い、他の類似のサイトでも、かなりの数の記事の公開を中止した。これは、問題がディー・エヌ・エーという特別なサイトに限定されたものではなく、一般的なものであることを示唆している。

この問題の根底には、多種多様な情報がウェブで無料で得られるようになったため、「ウェブにある情報や知識は無料」という観念が一般化してしまったという事実がある。

紙の書籍であれば数千円のものでも購入するにもかかわらず、電子的な情報に対してはコンテンツ課金への抵抗が強く、数百円を支払うのにもためらいを感じる、ということがしばしば起こる。感覚がおかしくなっているのだ。

情報や知識を無償で提供するのがよいのか、それとも有料提供が望ましいのかという問題は、古くから議論されてきた。無償提供が社会の進歩を促した例は、数限りなくある。しかし、半面において、有料提供ができないと、情報提供のインセンティブが失われることも事実である。

インターネット時代において、情報や知識に対して正当な報酬が支払われない結果もたらされたのは、在来型メディアの衰退だ。紙媒体の販売部数と広告収入は、減少の一途をたどっている。アメリカでは、多くの新聞が廃刊に追い込まれた。また出版不況といわれる状況もマンネリ化した。こうした状況が続けば、情報文化そのものが危機的な状況に陥る。

「広告ブロック」が広がる

しかし、こうした状況には、最近変化が生じつつある。

第1は、「広告ブロック」(アドブロック)というアドオン(ブラウザの拡張機能)の広がりだ。これをインストールすると、サイトを開いたときの画面に、広告が表示されなくなる。単に表示しないだけでなく、ダウンロードすらしない。このため、ページの読み込みが速くなり、快適にブラウジングができる。

スマートフォンやデスクトップ用にさまざまな広告ブロックが提供されている。もっともよく使われているのは、アドブロック・プラス(Adblock Plus)だ。ごく簡単な手続きでインストールできる。ファイヤーフォックスの場合だと、「Adblock Plus」で検索し、該当ページで「Firefox への追加」のボタンを押すだけだ。無料で利用できる。対応ブラウザはファイヤーフォックス、グーグルクローム、インターネットエクスプローラー、サファリ、オペラ、およびアンドロイドなど。

広告ブロックの利用は、急速に広まっている。ページフェア社の The state of the blocked web, 2017 Global Adblock Report によると、アドブロックの利用者数はつぎのとおりだ。

（1）モバイル・アドブロックの利用者数は、2015年12月から16年12月の間に、1・1億人増えて、3・8億人となった。

（2）デスクトップ・アドブロックの利用者数は、同期間に、3400万人増えて、2・4億人となった。

ただし、地域的に見ると、導入状況には差がある。前記レポートによると、16年12月において、アドブロックの利用者数（モバイルとデスクトップの合計）が全オンライン人口に占める比率は、つぎのとおりだ。

アメリカ18％、中国13％、イギリス16％、日本3％、ドイツ29％、オーストラリア20％、カナダ25％、フランス11％。

このように、ヨーロッパでは利用者数比率がかなりの高さになっているのに対して、日本はきわめて低い。バングラディッシュ（2％）、ナミビア（3％）、ネパール（2％）、ナイジェリア（2％）並みだ。

しかし、日本もいつまでも現在の状態にとどまっていることはないだろう。利用者数比率が低いのは、日本人が広告に寛容だからではなく、単に広告ブロックが認知されていないからだろう。そうだとすれば、いずれ欧米並みの比率に上昇する可能性が高い。

いうまでもないが、広告ブロックの利用が広がれば、サイトを広告収入で運営することは難しくなる。

実際、広告ブロックの利用が広告料収入に与える影響は、すでに無視しえない規模のものになっている。ニューズウィーク誌の記事が紹介するアドビとページフェアの調査によれば、15年、世界での広告減収は約220億ドルだった。

こうした状態に対応するもっとも有効な方法は、広告モデルから課金モデルに移行することである。

マイクロペイメントの開発が進む

コンテンツの課金には、マイクロペイメントのシステムが必要だ。

これによって、ウェブコンテンツを記事単位で購入したり、音楽を曲単位で購入したりすることが可能になる。また、個人が運営するホームページやブログで課金コンテンツを提供することもできる。

これまでウェブの有料コンテンツ販売というと、メンバー制や定期購読制が主だった。右に述べたのは「pay-per-use」と呼ばれるもので、個々のコンテンツごとの切り売り販売だ。

本章の3で述べたように、ライトニングネットワークは、オフブロックチェーン取引によって、ビットコインでのマイクロペイメントを実現しようとしている。

これとは別の方法で、マイクロペイメントを実現しよとする試みもある。その1つがSatoshiPayだ。2014年にドイツでマインハード・ベンらによって設立された。

ウェブ上のコンテンツに簡単に課金できることを目的とする。支払われた料金の受け取りはビットコインで行なう。支払いは、ビットコインのほかPayPalなどでもできる。コンテンツ料金を「1Satoshi（ビットコインの最小単位で1BTCの1億分の1」から設定できる。このシステムは、「ナノペイメント」と呼ばれている。

すでに、「ワードプレス」（ブログを作成するためのオープンソースのソフトウェア）で利用可能になっている。

なお、SatoshiPayは、欧州ビザ（Visa）と提携して、ビットコイン・マイクロペイメントの新しい概念実証の開発を行なっている。これは「IoT M2M payments」と呼ばれるＩｏＴとＭ２Ｍ（機械同士の通信）を決済と組み合わせた、新しい決済法を探索するプロジェクトの一環だ。SatoshiPayのマイクロ決済システムとビザのカード決済構造を融合させ、ユーザーが所有するビザ口座とSatoshi Wallet間で、自動少額決済を確立することを目的としている。

すでに利用可能になっているもう1つのマイクロペイメントは、PopChestだ。これは、動画コンテンツの作成者が、ビデオをアップロードして直接資金を得ることができるサービスだ。ブロックチェーンベースのメディア配信プラットフォームで、作成者のビデオを閲覧する際に、視聴者はごく少額の手数料をビットコインで支払う(通常は0・25ドル)。

ウェブ情報有料化がようやく始まるか?

ラジオやテレビなどの無線放送の場合には、課金すること自体が技術的に難しい。ただし、これは、無線だからであって、電子的な情報でも、有料配信が可能な場合は多い。

実際、アメリカでは、テレビは地上波ではなく、ケーブルで配信される場合が多く、ここには有料のオプションチャンネルが多数存在する。また、インターネットの場合にも、料金を払わなければ記事を見られないようにすることが、比較的簡単にできる。

実際、「ウェブ情報は無料」という状況は、しばらく前から少しずつ変わり始めている。まず大手の新聞社が、デジタル新聞(電子新聞)を有料で提供するようになった。『フィナンシャル・タイムズ』『ウォール・ストリート・ジャーナル』『ニューヨーク・タイムズ』などが有料デジタル新聞を配信している。日本でも、主要全国紙が電子新聞の有料配信を行なっている(読売新聞だけは、電子新聞単体での販売はない)。

テレビのネット配信への動きも始まった。これも、有料化の布石になるだろう。

また、有料メールマガジン（メルマガ）といわれるものが、しばらく前からある。まぐまぐは、2001年から「まぐまぐプレミアム」を提供している。自分と考えの近い人からの情報が得られたり、欲しい情報が細かく手に入ることが人気の理由だという。また、雑誌読み放題サービスなどもある。

以上のことは、人々はウェブ上の情報であっても、要求にうまくマッチしているのであれば、料金を支払う場合があることの証明になっている。ウェブにおける情報や知識の有料提供が進むことによって、情報の質が向上することが期待される。

有料の電子コンテンツ配信は、最近、さらに進展している。

ピースオブケイクが2012年にスタートさせた「ケイクス」は、記事などのコンテンツを有料提供している。週150円で1万5000本近くのコンテンツを読み放題としている。コンテンツは、電子書籍フォーマットではなく、ウェブに表示するだけのものだ。14年に開始された「ノート」では、トーク（ツイッターのような短文と画像）、イメージ（写真やイラスト）、テキスト、サウンド、ムービーといったコンテンツを1つのノートというプラットフォームに投稿して公開できる。コンテンツへの課金も可能となっている。販売価格から決済手数料を引いた額の10％がコンテンツの販売収入となる。

また、経済情報に特化したニュースアプリ「ニューズピックス」は、14年から一部コンテンツの有料配信を開始した。

もともとインターネットは、個人が自由に情報を発信することを可能にしている。電子的な手段による情報発信は、タイムラグなしに受信者に届けられること、絶版がないこと、検索ができること、リンクを張れること等々の利点がある。

それにもかかわらず、これまではそうした利点を活用した情報発信が十分になされてこなかった。近い将来に、電子ブックを個人が作成し、自分のウェブサイトで直接に販売するようなことが可能になるかもしれない。

第4章

新しい技術はどこに向かうか?

1 GAFAの時代

巨大成熟企業からGAFAへ、そしてユニコーンへ

これまで述べてきたように、技術の進展は働き方に大きな影響を与える。では、新しい技術は、どのような方向に進み、どのような主体が開発をリードするのだろうか？　この問題を考えるためのフレームワークとして、世界をリードしている企業をつぎの3つのグループに分類してみよう。

【第1グループ】巨大成熟企業

雑誌『フォーチュン』による「フォーチュン・グローバル500」の売上高ランキングの上位10社を、図表4－1に示す。ここに含まれている巨大企業が、第1グループだ。

売上高は大きいが、成熟企業であるため、成長率は低い。中国の国有企業もこのなかに入る(国家電網、中国石油化工集団、中国石油天然気集団)。

図表4-1　2017年「フォーチュン・グローバル500」の上位10社

順位	企業名	国	売上高(10億ドル)
1	ウォルマート	アメリカ	485.9
2	国家電網	中国	315.2
3	中国石油化工集団	中国	267.5
4	中国石油天然気集団	中国	262.6
5	トヨタ自動車	日本	254.7
6	フォルクスワーゲン	ドイツ	240.3
7	ロイヤル・ダッチ・シェル	オランダ	240.0
8	バークシャー・ハサウェイ	アメリカ	223.6
9	アップル	アメリカ	215.6
10	エクソンモービル	アメリカ	205.0

(資料)fortune.com

図表4-2　世界の時価総額トップ10位企業(2017年6月末)

順位	企業名	国	時価総額(10億ドル)
1	アップル	アメリカ	750.9
2	アルファベット	アメリカ	635.8
3	マイクロソフト	アメリカ	532.2
4	アマゾン・ドット・コム	アメリカ	462.7
5	フェイスブック	アメリカ	437.6
6	バークシャー・ハサウェイ	アメリカ	418.3
7	アリババ・グループ・ホールディング	中国	356.4
8	ジョンソン&ジョンソン	アメリカ	356.4
9	エクソンモービル	アメリカ	342.1
10	テンセント・ホールディングス	中国	339.4

(資料)Yahoo!ファイナンスなど

|図表4-3| ユニコーン企業トップ10社(2017年7月現在)

順位	企業名	国	事業	評価額（10億ドル）
1	Uber	アメリカ	配車アプリ	68.0
2	Didi Chuxing	中国	配車アプリ	50.0
3	Xiaomi	中国	ハードウエア	46.0
4	Airbnb	アメリカ	民泊	31.0
5	WeWork	アメリカ	ワーキングスペース	21.1
6	Palantir	アメリカ	ビッグデータ	20.0
7	Lufax	中国	p2p	18.5
8	Meituan-Dianping	中国	スマートフォンアプリ	18.3
9	Pinterest	アメリカ	SNS	12.3
10	SpaceX	アメリカ	宇宙輸送	12.0

（資料）The Billion Dollar Startup Club

日本の大企業も、このグループの企業だ。トヨタ自動車が5位に入っている。

【第2グループ】ＧＡＦＡ

第2グループは、時価総額が大きい企業である。図表4－2には、世界の時価総額ランキングの上位10社を示している。

このランキングの上位5位までの企業のうち4社は、しばしば「ＧＡＦＡ」と呼ばれる。これは、グーグル（Google）、アップル（Apple）、フェイスブック（Facebook）、アマゾン（Amazon）の略だ（中国のアリババ〈Alibaba〉を加えて、ＧＡＦＡＡと呼ばれることもある。なお、表中の「アルファベット」は、グーグルの持ち株会社。また、動画配信のネットフリックス〈Netflix〉を加えて、ＦＡＮＧと呼ばれることもある)。

第1、第2グループの企業は、誰でも名前を知っているような企業だ。

【第3グループ】ユニコーン企業

第3グループは、「ユニコーン企業」である。これは、未公開で時価総額が10億ドル以上の企業を指す。

この中で有名な企業として、第2章の2で述べたシェアリングエコノミーのAirbnbやUberなどがある。後者の時価総額は日本円で6兆円を超える。日本企業で時価総額が6兆円を超えるのは十数社しかない。Uberが起業してからわずか数年の間にこれだけの成長をしたのは驚異だ。

ユニコーン企業の成長は、スマートフォンの登場によって引き起こされた場合が多い。これらの企業がこれからの社会を変えていくだろう。

現代世界をリードするが、批判も多いGAFA

GAFA企業はすべてIT関係である。これらの企業の多くは、20年前には存在しなかったか、零細企業だった。アメリカ企業の新しい動向は、GAFAに象徴されている。

最近では、ＧＡＦＡという言葉は、ポジティブな意味で使われることが多い。これらの企業が時代を先取りし、株式市場をリードするという解釈だ。

ただし、もともとは、こうした企業の独占的地位を批判する言葉だった。最初は、フランスで、しばしば違法行為との関係で用いられた。実際、現在でもＧＡＦＡのすべてがＥＵの調査を受けている。

つまり、ヨーロッパ大陸は、ＧＡＦＡ的な企業を受け入れようとしないのである。それに対し反感を持ち、排斥しようとしている。ＧＡＦＡ的な企業を受け入れるかどうかは、新自由主義的な考えを受け入れるかどうかという問題と密接に関連している。

日本でも、株式市場はＧＡＦＡ的企業を歓迎するが、社会全体としては、こうした企業文化を受け入れようとしていない（これについては、本章の6で論じる）。

ＧＡＦＡはＩＴ革命の勝者

図表４－１と図表４－２を比べれば分かるように、売り上げのランキングと時価総額のランキングは、食い違っている。

仮に売上高利益率や将来の期待成長率に大きな差がないとすれば、売上高のランキングと時価総額のランキングは一致するはずである。そうならないのは、利益率の差にもよるが、基本的には、将来の成長可能性の違いによる。

つまり、第1グループは「現在の大企業」であって成長率が低く、第2グループは「未来的な企業」であって成長率が高いのだ。

第2グループの企業は、従来の産業が担当していた分野を塗り替えている。新しい情報技術をもとにした新しいビジネスモデルを開発したことによって、従来の企業を乗り越えたのだ。

アップルは製造業だが、iPhoneという新しい製品を開発し、「世界的水平分業」という新しい生産方式を確立することによって、新しい製造業のビジネスモデルを切り開いた。

グーグルは、広告収入によって支えられているという意味では広告業だが、「検索連動広告」という新しい広告方式を用いることによって、従来の広告代理店とはまったく異なるビジネスモデルを確立した。フェイスブックも新しいタイプの広告業だ。SNSという新しい方式で個人情報を集め、それをもとに広告を行なっている。アマゾンは、流通業だが、ウェブショップであり、従来の流通業とはまったく異なる構造を持っている。

従来の企業とは異なる企業文化を持ち、イノベーションを先導した。これらの企業は、IT革命の勝者である。過去20年程度の期間のアメリカ経済の成長は、こうした企業の成長によって支えられてきた。

日本にこうした企業が登場しなかったことが、「失われた20年」の基本的な原因だ。日本で第2グループ企業とみなせるのは、楽天とソフトバンク程度しかない。

右の期間における技術革新は、主として情報技術の分野で起こった。製造業はすでに成熟した産業であり、中国をはじめとする新興国に移っていった。先進国の命運を決めたのは、このような流れに対応して、産業構造を情報分野中心のものに切り替えられたか、それとも製造業に執着したかの違いだ。

前者の方向を取ったのがアメリカ、イギリス、アイルランドなどであり、後者の方向を取ったのが日本とヨーロッパ大陸の諸国だ。

しかし、第2グループの企業はすでに巨大化し、マーケットを支配している。これまでのような技術革新が、今後も第2グループ企業から出てくるかどうかは疑問なしとしない。

ただし、ＡＩ（人工知能）分野では、やや事情が違う。ＡＩはビッグデータを用いることから、ビッグデータを取得できる企業が技術革新を進めることになる。この中心は、第2グループの企業だ。

なお、自動車の自律運転との関係で、自動車メーカーもＡＩ技術開発に参加する。ただし、自動車会社にもともといるエンジニアは機械工学の専門家が中心だから、外部の人材に頼らざるをえないだろう。

2 ユニコーン企業の登場

ユニコーン企業が多いのは、アメリカと中国

「ユニコーン企業」については、いくつかのリストがつくられている。そのうちの1つ、ウォール・ストリート・ジャーナルとダウ・ジョーンズ・ベンチャーソースによるThe Billion Dollar Startup Clubでは、全産業で167社を挙げている(2017年7月現在)。図表4－3に示したのは、その上位10社だ。

地域別に見ると、アメリカ100社、アジア47社、ヨーロッパ15社などとなっている。『フォーチュン』が作成するThe Unicorn List 2016によると、全世界で174社のうち、アメリカが101社、中国が46社となっている。

このように、中国にもユニコーン企業が多数誕生していることに注意が必要だ。しかし、日本はゼロだ。主要国でゼロなのは、イタリアと日本だけだ。

ヨーロッパ大陸諸国はGAFA的な企業を受け入れようとしないと本章の1で述べたが、そ

れでも、経済の一部にはそうした企業が成長しつつある。日本がゼロであることの意味を改めて意識する必要がある。中国との比較は、ショッキング以外の何物でもない。

ユニコーン企業にはIT関連が多い

「ユニコーン企業」を分野別に見ると、今後の技術革新がどのような分野で起こるかを探ることができる。

「ウォール・ストリート・ジャーナル」のリストを分野別に見ると、つぎのとおりだ。

・ソフトウエア　36社（Dropbox など）
・消費者向けインターネット　35社（Uber、Airbnb、Snapchat など、スマートフォンなどを用い、消費者向けに新しいサービスを提供する）
・eコマース　26社
・金融　16社（オンライン決済サービスを提供する Stripe など）
・ヘルスケア　10社

以上の分野だけで全体の約83％を占める。これに対して、ハードウエアは8社、エネルギー

図表4-4 | フィンテック100社(KPMGのリスト)のトップ10社

順位	企業名	国籍	業務	創業年
1	Ant Financial	中国	送金	2004
2	Qudian	中国	貸し付け	2014
3	Oscar	アメリカ	保険	2013
4	Lufax	中国	資本市場	2011
5	ZhongAn	中国	保険	2013
6	Atom Bank	イギリス	貸し付け	2014
7	Kreditech	ドイツ	貸し付け	2012
8	Avant	アメリカ	貸し付け	2012
9	SoFi	アメリカ	貸し付け	2011
10	JD Finance	中国	貸し付け	2013

(資料)2016 Fintech100

関係は1社しかない。したがって、ユニコーンによる技術革新は、GAFAによるのとほぼ同じ方向のものであることが分かる。つまり、IT開発とその応用に関連した企業が多い。

もちろん、先端企業には、すでにIPO(新規株式公開)してしまったスタートアップ企業もある。また、もともと大企業によって進められている技術開発もある。ここでは、IT以外の技術が重要な地位を占めているかもしれない。だから、右に見たユニコーンの分野別傾向が技術開発全体の方向づけとずれることは、ありうるだろう。ただし、情報関係が将来に向かって引き続き重要であることは、間違いない。

フィンテック100社のリスト

Fintech 100(フィンテック100社)は、

国際会計事務所大手のＫＰＭＧとベンチャーキャピタルのＨ２ベンチャーズが作成するフィンテック関連企業のリストだ。

その２０１５年版におけるトップ１００社に含まれる企業は、北アメリカが40社、イギリスが18社などとなっている。

中国企業は、14年は1社のみであったが、15年版では7社が入っている。これは、イギリスの6社よりも多い。中国フィンテック企業の躍進ぶりが目立つ。

インターネット専業の損害保険会社の衆安保険（ZhongAn）が、全体での首位となった。同社はビッグデータを用いた新しい保険を提供する。アリババ、テンセントなどとのジョイントベンチャーだ。４位にも中国の趣分期（Qufenqi.com）という企業が入っている。同社が行なっているのは、スマートフォンを使って学生や研究者に融資を行なうサービスだ。

16年版におけるトップ10社を、図表４－４に示す。15年版にはトップ１００社に日本の企業はなかったが、16年版では、ドレミング（Doreming）が日本企業として初めて選ばれた。

日米の学生の就職希望先から見える「国の未来」

将来の動向を見るための先行指標として、ユニコーン企業の動向と並んで重要なのは、学生の就職希望先だ。若い優秀な人材がどのような方向を選ぶかは、社会の方向を決める。

まず日本について、「キャリタス就活2017」で、2017年卒の学生の就職希望企業ランキング（総合編）を見よう。このリストの第1位から第10位までの企業を順に並べると、以下のとおりだ。

三菱東京UFJ銀行、東京海上日動火災保険、三井住友銀行、損害保険ジャパン日本興亜、みずほフィナンシャルグループ、全日本空輸（ANA）、日本航空（JAL）、サントリーグループ、三井住友海上火災保険、トヨタ自動車。

ここにあるのは、誰でも名を知っている大企業であり、安定した企業だ。本章の1のグループ分けでいえば、「第1グループ」の巨大成熟企業である。ここには、ユニコーン的な方向はおろか、GAFA的な方向さえ見られない。

それに対して、アメリカの学生の志望はまったく違う。キャリア情報サイト「グラスドア（Glassdoor）」によるBest Places to Workのランキングの最上位は、ユニコーン企業であるAirbnbだ。そして、ベンチャー企業が上位を占める（図表4－5）。

グーグルやフェイスブックは、以前のランキングでは1位だったことがあるが、16年のランキングでは、それぞれ8位と5位に落ちている。アドビは第19位、アップルは第25位、ツイッ

図表4-5 | GlassdoorによるBest Places to Workランキング

順位	企業名	事業
1	Airbnb	民泊サービス
2	Bain & Company	戦略コンサルティングファーム
3	Guidewire	損害保険
4	HubSpot	マーケティング統合管理ソフトウェア
5	Facebook	SNS
6	LinkedIn	ビジネス特化型ソーシャル・ネットワーキング・サービス
7	Boston Consulting Group	経営コンサルティング
8	Google	検索など
9	Nestlé Purina PetCare	ペットケア製品やサービス
10	Zillow	オンライン不動産データベース

（資料）Glassdoor, Best Places to Work

ターは第26位だ。そして、第1グループの巨大企業の名はまったく見当たらない。

日本の学生とアメリカの学生の考えの違いは、以上で見た就職希望先に端的に表れている。アメリカの学生がリスクをとって将来の成長可能性を求めるのに対して、日本の学生はひたすら安定志向なのだ。この違いは、国の将来の姿に決定的な影響を与えるだろう。

なお、図表4－5には、自ら起業する場合は含まれていない。優秀な若者が大企業に就職するか起業するかでは、未来の社会構造はまったく異なるものになるだろう。

3 破壊者 Airbnb や Uber も遠からず破壊される

日本では規制がシェアリングエコノミーを阻害しているが、技術はその一歩先

第2章の2で述べたように、Uber や Airbnb は、空いている自動車や部屋について、供給者と需要者をスマートフォンのアプリによって仲介するサービスを開発し、目覚ましい発展を遂げた。これらは、「シェアリングエコノミー」と呼ばれる。

本章の1、2で述べたように、未公開で時価総額が10億ドルを超える企業は「ユニコーン企業」と呼ばれるが、Uber や Airbnb はその代表だ。時価総額は、Uber が680億ドル、Airbnb は310億ドル程度とされる。

このような高い価値がつくのは、シェアリングエコノミーがこれからの経済にとって重要な意味を持ち、社会の姿を大きく変えると予想されるからだ。

ただし、第2章の2で述べたように、既存のタクシー業界やホテル業界に破壊的な影響を与えることから、規制をどうするかが問題となっている。現在、日本では、これらについての規制緩和の問題が論じられている。

ところが、先端技術はその一歩先に進んでいる。すなわち、これらの事業は自動化される可能性があるのだ。そうなれば、規制の議論も、根本から見直す必要がある。

中央集権的な情報処理は不要に

Uber や Airbnb のサービスは、需要と供給のマッチング、つまり仲介を行なっている。そして、どちらのサービスも、中央集権的な情報処理を行なっている。収益源として現在かなりの手数料を徴収している（それゆえに、事業の利益が増大し、時価総額が増大しているのだ）。

しかし、ブロックチェーンはこうした仲介者を排除する（「ブロックチェーン」とは、仮想通貨の基礎になっている技術で、電子的な情報を分散的に記録し管理する仕組みである。詳しくは、拙著『ブロックチェーン革命』日本経済新聞出版社、2017年を参照）。Uber や Airbnb が行なっていることの大部分はルーチン的な情報の処理であるから、スマートコントラクトの形に書き換えて、ブロックチェーンで運営することができるのだ（「スマートコントラクト」とは、コンピュータが理解できる形で書かれた契約のこと）。そうなると自動的に運営できる。つまり、サービスの供給者と需要者が仲介者を介さずに直接に結びつくことになる。

通貨の場合を考えてみよう。従来の電子マネーでは、信頼できる第三者（中央集権的な管理者）がいて、それが通貨のやりとりを仲介し、管理している。例えばPayPalでは、PayPalという企業が各利用者の残高を追跡し、送金が行なわれるたびに個人用のデジタル台帳を更新している。

しかし、ビットコインの場合には、そのような管理者が存在せず、利用者が直接に情報をブロックチェーンに報告することによって、取引が行なわれている。つまり、管理者なしに通貨の取引が可能になっているわけだ。

UberやAirbnbのシステムは、中央集権的な電子マネーのそれと同じだ。このサービスは、ブロックチェーンによって代替できる典型的なものである。

すると、ビットコインのシステムが、ブロックチェーンを用いることによって、銀行などの仲介者なしに通貨の取引を行なっているのと同じようなことになる。つまり、ビットコインで管理者がいらないために送金の手数料が著しく安くなるのと同じように、こうしたサービスをほとんどコストゼロで利用できるようになる。

Uberの場合には、料金の20％の仲介料を取るが、ブロックチェーンを用いるシェアリングサービスなら、このコストはずっと低くなる。ライドシェアリングをフリーランサーのための収入源と捉える場合には、こうしたコストが低いほうが望ましい。本当の「シェアリング」とは、そのようなものだ。

これは、アダム・スミスが考えていた経済システムと同じである。「神の手」によって導かれるのであるが、そのために必要とされる参加者間の情報交換を、管理者が集中的に管理するのではなく、お互いが直接に交換し合うのである。

La'Zoozによる自動ライドシェアリング

Uber や Airbnb の仕組みは、シェアリングエコノミーとしては未完成なものだ。供給者と需要者がブロックチェーンを介して直接に結びつくことによって、本当のシェアリングが実現する。

こうなると、賃貸と所有の区別が曖昧になってくる。そしてこれは、本章の4で述べるスマートロックの普及によってますます促進される。

Uber や Airbnb は従来のタクシー事業やホテル事業を破壊するという意味で「ディスラプター(破壊者)」と呼ばれている。しかし、彼ら自身が、ブロックチェーンによっていずれは破壊されてしまうわけだ。

Airbnb もブロックチェーン技術の重要性を認識しており、関連の新技術を持つスタートアップ企業を買収した。

ライドシェアリングに関しては、すでにブロックチェーンを用いたサービスの実験が行なわれている。La'Zooz は2013年10月にイスラエルで始まったプロジェクトで、14年に創業した。「乗り物の空きスペースを利用して、輸送のためのさまざまなソリューションをつくりだす」としている。空席がある車を持っている人と、同方向へ移動する人のニーズをマッチングして、空席を提供して輸送の無駄をなくす分散型のライドシェアリングサービスだ。支払いはサービスの提供者と利用者の間で、独自の電子通貨 Zooz を使って行なわれる。

Arcade City と呼ばれるプロジェクトも、ブロックチェーンを用いるライドシェアリングを提供しようとしている。16年1月創業で、アメリカのニューハンプシャー州に本社を置くスタートアップ企業だ。利用者に乗車の機会を提供し、利用者はドライバーの評価や提示額を参考に、自身のニーズに合った車を探すことができる。

事業がブロックチェーンで自動的に行なわれるようになると、それを規制することが、きわめて難しくなる。なぜなら、規制すべき対象がいないからだ。自動車が自律運転されるようになれば、運転手がいなくなるから、取り締まりはさらに難しくなる。

それだけではない。取り締まる理由が原理的になくなる。その自動車が客を乗せるだけの能力があるかどうかは、自動運転のプログラムがそれだけの能力を持っているかどうかによる。プログラムの能力を公開すれば、それで十分だ。タクシーの免許を与える必要はない。つまり、白タクを取り締まることなど無意味になる（なお、貸室の場合には、取り締まりできないことで、問題が生ずるかもしれない。周囲に対する迷惑の問題などをどうするかといった問題だ）。第2章の2で見たように、現在、日本ではシェアリングサービスについての規制緩和の議論がなされているが、サービスがブロックチェーンで自動的に遂行されることまでは想定されていない。つまり、事業主体が存在していることを前提にしている。

しかし、技術は急速に進歩しており、数年のうちにブロックチェーンを用いた自動サービスが実用可能になると考えられる。日本は、中央集権型サービスの導入の是非を議論しているという意味で、二段階遅れているのだ。

分散型電力システムにも応用

ブロックチェーンで運営されるシェアリングエコノミーは、以上で述べたものだけではない。同様の試みは、分散電力システムにも応用されている。

トランスアクティブ・グリッド（TransActive Grid）は、電力を共有するためのプラットフォームの開発を行なっている。これは、「わが家で発電して余った部分を隣の家に使ってもらう」といったレベルでの電力の売買システムである。

日本では、２０１２年7月に固定価格買取制度で電力会社に発電した電力を売ることができるようになり、16年4月の電力小売全面自由化によって消費者が電力会社を自由に選べるようになった。しかし、消費者の電力の売り買いには電力会社が介在している。つまり、中央集権型の仕組みだ。

これに対してトランスアクティブ・グリッドのシステムでは、取引はブロックチェーン上で自動的に処理・検証されており、料金の二重カウントや不正などを防ぐことができる。また、運営コストも安い。

トランスアクティブ・グリッドのシステムは「ブルックリン・マイクログリッド（Brooklyn Microgrid）」として、ニューヨーク市のブルックリン区で実験的に運用されている。住人が屋根の上に設置したソーラーパネルで発電してマイクログリッドに電力を供給したり、マイクログリッドからの電力を消費したりしている。ある家庭で電力が生成されると、「エナジークレジット」と呼ばれるトークン（仮想通貨）が生成される。電力を消費するとトークンが消滅する。ハリケーン・サンディーがニューヨークで大規模な停電を引き起こしたときに、独自の電力網を持っていた地域が難を逃れた。

同様の実験が、オーストラリアのパースでも行なわれている。

マーケットもそうだ。イーベイのような管理者がいるマーケットではなく、管理者がいないマーケットだ。ブロックチェーンを用いる市場は、仲介者がいないので、支払う手数料も存在しない。このような市場は、すでに「オープンバザール（OpenBazaar）」として存在している。

ただし、ウェブサイトを開いてみると、怪しげな雰囲気で、心配になってしまう。実際、麻薬や銃などの違法な商品の取引も行なわれているようだ。この場合、違法な取引をどうするかという問題が生じる。

では、アマゾンのようなウェブ店舗は、ブロックチェーンによって淘汰されるだろうか？ そうともいえない。なぜなら、商品の配送という物流の問題があるからだ。これはかなりの程度はブロックチェーンで処理できるだろうが、それだけですべてを処理できるとも思われない。ただし、アマゾンが扱っている商品の中でも、電子ブックは物理的な商品の配送を伴わないから、ブロックチェーンによってその事業を自動化することは十分可能であると考えられる。

シェアリングのもう1つの形態はクラウドソーシングだ。仕事を依頼したり探したりするためのプラットフォームとして、スマートフォン上のアプリを使ったクラウドソーシングが普及しつつある（第2章の2参照）。そのアプリが、仕事を頼む人と作業をする人とを仲介するわけだ。

これをブロックチェーンで行なおうとするのが、14年に創業されたイギリスのスタートアップのColonyだ。Colonyのユーザーは、自身のスキルを記載したプロフィールをつくり、「コロニー」と呼ばれるプロジェクトや企業体をつくるか、既存のコロニーに参加することができる。各コロニーの参加者が直接的につながり、提案と投票によって意思決定がなされ、貢献度に応じて評価される。各コロニーにはコロニー内の通貨として独自のトークンが存在する。トークンは、デザインやプログラミングといった作業の対価として支払われる。オープンなマーケットで現金と取引できる。

4 スマートロックが未来社会の重要なインフラになる

部屋の鍵もブロックチェーン上で直接に受け渡し

「スマートロック」とは、スマートフォンなどを用いて、ドアなどの開閉を行なうシステムのことだ。日本でも、2015年に多くの製品が出荷された。

民泊で貸し出す部屋の施錠は、スマートロックで行なうのがよい。なぜなら、従来の物理的なロックだと、つぎのような問題があるからだ。

第1に、ゲストと会ってキーを手渡す必要があるが、これには手間がかかる（ドアマットや植木鉢の下に鍵を置くという方法がとられることもあるようだが、まったく不用心なことだ）。遠隔地の物件の場合には、そもそも手渡しすることが難しい。また、ゲストが約束の時間にチェックインしてこないこともある。

第2に、物理的なキーでは、複製されたり、盗難にあったりする危険がある。

第3に、鍵の受け渡しサービスを利用することも考えられるが、利用料金が負担になる。

スマートロックを用いれば、以上の問題を解決できる。なぜなら、権限の付与と取り消しが容易だからだ。宿泊期間が過ぎたら鍵を使えないようにすることなどが簡単にできる。キーの紛失や閉め忘れの心配もない。また、掃除やシーツの取り替えなどをしてもらう人に、メールでキーを送っておけば、ホストがいなくても家の中に入り、出るときは鍵を閉められる。

こうして、スマートロック（電子的な錠）は、シェアリングエコノミーで相手と直接に取引することを可能にする。それは、現在、Airbnbなどによって中央集権的に行なわれているシェアリングエコノミーを分散化し、未来社会の重要なインフラになるだろう。

ところが、これまでの情報技術を用いるスマートロックには、いくつかの問題がある。

第1は、コストの問題だ。中央集権的な情報処理システムを用いると、コストが高くなる。シェアリングエコノミーでは、1件当たりの利益額はそれほど大きくないので、情報処理のコストが高くては、実用にならない。

第2は、セキュリティの問題だ。多くのスマートロックは、ブルートゥースによる通信を採用している。これは、ブルートゥースのセキュリティ性能が高いためだとされる。しかし、このシステムも実際には安全度がさほど高くなく、ハッキングによって破られたとの報告がある。

以上の問題を克服するためには、ブロックチェーンを用いるスマートロックが必要になる。

スマートロックをブロックチェーンで運営する

ドイツのスタートアップ企業である Slock.it 社は、ブロックチェーン上のスマートコントラクト（コンピュータが理解できる形で書かれた契約）で運営されるスマートロック「Slock」の開発を行なっている。ブロックチェーンとしては、エセリウム（ブロックチェーンをさまざまなサービスに利用できるようにしたプラットフォーム）のものを使用する。ドイツ・ザクセン州に本社を置き、２０１５年9月に創業した。

Slock.it 社のスマートロックは、分散化されたシェアリングエコノミーを支えるようになる。Slock.it のウェブサイトにある説明によれば、つぎのとおりだ。

Uber や Airbnb は、シェアリングエコノミーに対する関心を高めた点で評価される。しかし、このような中央集権的な仕組みがシェアリングエコノミーの最終形とは思えない。第三者の仲介なしに、直接に部屋や自動車の所有者と取引できるシステムのほうが望ましい。

ただし、その場合の問題は、信頼できる第三者なしに、取引の相手が信頼できるかどうかを、どうやって確かめるかだ。

Slock では、それはつぎのように実現される。誰かが Slock を購入すると、ブロックチェーンで運営されるスマートコントラクトによって、「誰がいつからいつまで何を利用できるか」を管理できるようになる。

ユーザーが仮想通貨によって保証金を支払うと、自動車や家に対する権利を獲得する。例えば、ドアの鍵を開ける場合、スマートフォンのアプリで保証金を支払い、ブロックチェーン上で鍵へのアクセス要求が確定するのを待つ。この処理が確定すると、ブロックチェーン上でこの鍵のアクセスコントロールを獲得したことになる。

ドアの開閉にはスマートフォンのアプリなどを用いて、各ユーザーが持つ秘密鍵で署名した開閉要求を送ると、鍵がブロックチェーンを参照して公開鍵に合致するかを比較し、処理を決める。保証金はレンタル料金を差し引かれてユーザーに返還され、レンタル料金は自動的にSlockのオーナーに送られる。以上の契約は、自動的に実行される。

これらはすべて第三者の介入なしに行なわれる。したがって、Slock.it社はサーバーを持ったり、取引を処理したりするわけではない。

Slockはブロックチェーンによってコントロールされ、スマートコントラクトによって運用されるため、たとえ企業がなくなったとしても、サービス自体は提供され続けていく。

第三者の仲介なしで貸し借り可能——シェアリングエコノミーの分散化

ブロックチェーンを用いるスマートロックの技術は、家、自動車、洗濯機、自転車、芝刈り機、保管庫など、鍵をかけられるものであればどんなものでも、第三者の仲介なしで、簡単に貸したりシェアしたりすることを可能にする。そして、個人や企業がその資産を収入に変えることを可能にする。

Slock.it社のウェブサイトでは、部屋の貸し借りの完全な自動化、オンデマンドでのWi-Fiの利用、使用していないオフィススペースのリースといった例を挙げ、スマートロックはシェアリングエコノミーに革命をもたらし、未来のインフラになるとしている。

自動車の自動運転ができるようになると、スマートロックの重要性はさらに増す。現在のタクシーでは人間が運転手として乗車しているから、自動的なロックは必要ない。しかし、無人自動車ではスマートロックの存在は不可欠だ。

自動車は、つぎの顧客を待つ間は駐車しているが、時間単位で貸し出され、使用が終われば自動的に駐車場を探して、また駐車する。ガソリンがなくなれば、給油所に行って給油する。

こうして、UberやAirbnbのような第三者の介入なしに、所有者と直接に取引できるシステムが確立されることになる。つまり、シェアリングエコノミーが分散化され、中央の管理なしに行なえるようになる。

スマートロックは、UberやAirbnbのような中央集権的な仲介業によって運営されているシェアリングエコノミーの姿を大きく変えることになるだろう。

5 働き方改革の究極は人間的な仕事への特化

第4グループであるDAOが姿を現しつつある

本章の1で「世界をリードしている3つのグループがある」と述べたが、これらは、すでに現実世界を動かしている企業群だ。

ところで、第4グループが地平線上に姿を現しつつある。それは、ブロックチェーン技術をベースに置く分散型自律的企業（DAO：Decentralized Autonomous Organization）だ。

これらは、まだ一般社会に目立つ存在にはなっていない。日本では存在自体がほとんど知られていない。しかし、これからの技術革新は、この分野で生まれるだろう。

この分野をどんな主体がリードするか？　すでに多くのスタートアップ企業が誕生している。そして、ＩＣＯ（Initial Coin Offering）という形での資金調達を行ない、新しい事業をＤＡＯの形態で進めている。

ここでいうＩＣＯとは、仮想通貨を用いてインターネット上で資金調達をする方式である。

クラウドファンディングの一種と考えることができる。この場合の仮想通貨は、資金調達の主体が将来提供するサービスを利用するために用いられることが多い。

これまでスタートアップ企業は、最初にベンチャーキャピタルから出資を受け、ある程度成長したところでＩＰＯ（株式公開）を行なって資金調達する場合が多かった。ＩＣＯは、これを代替するものとして注目を集めている。ブロックチェーン関連企業がＩＣＯで調達した資金の総額は、すでにベンチャーキャピタルからの調達額を上回っているという。

日本でも、仮想通貨取引所 Zaif を運営し、プライベートブロックチェーン技術 mijin を開発するテックビューロが、２０１７年10月にＩＣＯを実施する予定だ。

人工知能やブロックチェーンは働き方を根本的に変える

情報技術はさらに進展を続けており、以上にとどまらず、人間の働き方に基本的な影響を与える。

とくに、ＡＩ（人工知能）の進歩によって、大きな変化が生じようとしている。例えば、自動車が自動運転される時代になれば、自動車の使い方が大きく変わる。宅配業界は現在深刻な人手不足に直面しているが、トラックの自動運転化は、事態を大きく好転させるだろう。

もちろん、失業が生じる場合も多い。タクシーの運転手もトラックの運転手も必要なくなるが、その代わりに新しい仕事が必要になるだろう。それは、「風が吹けば桶屋がもうかる」的なメカニズムを通じて、自動車の運転とはまったく関係のないところで生じるかもしれない。就業体制のこのような大きな変化には、社会システムの大変革が必要だ。

音声認識技術をとっても、その影響は大きい。私の場合、この技術の利用によって、仕事の進め方が根本的に変わってしまった（『究極の文章法』講談社、2016年参照）。同じことは、企業の仕事についてもいえるはずだ。「ボット」（人間がコンピュータを操作して行なっていた処理を、自動的に実行するプログラム）が人間の自然言語を理解し、対応するだけで、接客サービスは大きく変わる。

AIの進歩は、日本人にとってありがたい面もある。これまで日本人は英語に弱いために国際分業で遅れていたが、自動翻訳が行なわれるようになれば、この状況は変わるかもしれない。

こうした変化は、企業形態も変えていくだろう。企業の側から見ると、古い知識を持った専門家を抱えているのは、コストになるだけだ。人工知能やブロックチェーンが企業の基幹システムを運営し、必要に応じてフリーランサーを利用するようになれば、企業は永続的な組織ではなくなるかもしれない。ある仕事のために資金と人材を集め、終わったら解散するのだ。

中世イタリアの「コンメンダ」という事業形態では、航海ごとに出資を募った。イギリス東インド会社は、初期の段階では一航海ごとに資本家が出資を行なう形態だった。未来の企業組織は、このようなものに先祖返りするかもしれない。

ルーチンワークをブロックチェーンに任せる

前項で述べたように、人間が行なってきた仕事をＡＩが代替する可能性については、多くの議論がなされている。しかし、ブロックチェーンもＡＩに劣らぬ大きな影響を与えうる。

ルーチン的な仕事を「スマートコントラクト」というコンピュータが理解できる形で表し、それをコンピュータの集まりが運用する。そして、ブロックチェーンを用いることによって、改ざん不可能で信頼ある記録を残せる。ブロックチェーン技術は、これまで述べてきたように、さまざまな応用分野で事業の運営者を変える。それは、これまで経営者が行なってきた仕事のかなりを代替することもありうる。

この技術は、人間の仕事を奪うのだろうか？　必ずしもそうとはいえない。例えば、オーナーシェフによる小さなレストランの経営を考えてみよう。シェフがもっともやりたいのは、料理をつくることであろう。しかし、それだけではレストランは経営できない。食材を購入するために取引先と交渉する必要がある。また毎日の営業にあたって、客の注文を聞き、代金を受け取り、それを集計し、整理し記帳して納税する必要がある。これらの雑務はルーチン的なものだが、なくすことはできない。このために人を雇わなければならないだろうし、自分自身の仕事の一部を割かなければならない。

しかし、これらがルーチンワークである以上、そのかなりのものは、スマートコントラクトの形にしてブロックチェーンで自動的に運営することが可能だ。そうしたことが行なわれれば、シェフは料理をつくることに専念できるようになるだろう。

情報技術の進歩によって、人間の職が奪われると懸念されている。確かに、そうしたことが起きることは否定できない。しかし、それはコンピュータと人間の戦いではない。人間がコンピュータをうまく使うことによって、人間でなければできないような仕事に特化していくことが可能である。働き方改革の究極の姿は、そのような世界を実現することだ。

6

「技術立国」日本が情報技術で絶望的に弱い現実

日本が得意なのは古いタイプの技術

現在の日本でもっとも重要な課題は、技術革新を進め、その成果を現実の経済活動に取り入れることだ。

最初に問題となるのは、技術開発の方向づけだ。日本は技術立国といわれてきた。しかし、日本が得意なのは、古いタイプの技術である。新しいタイプの技術に関しては、日本の対応の遅れが目立つ。材料や装置関連など古いタイプの技術ではいまだに強いが、情報関連の新しい分野になると、国際比較での日本の順位はかなり下になる。

この背後には、さまざまな規制や企業の構造、そして高等教育の問題がある。日本が新しい成長を実現するには、これらに関する基本的な見直しが必要だ。

企業の面から見ると、ＧＡＦＡ企業に代表される企業活動の新しい動向を受け入れられないこと、企業が閉鎖的でオープンイノベーションに対応できないこと、などが挙げられる。新しい技術を導入できるかどうかは、企業の動向に大きく影響される。

AIやブロックチェーンが新技術の動向

まず、技術進歩の方向がどのようなものであるかを見ておこう。

世界経済フォーラム（WEF）は、2016年8月、向こう数年間に世界に大きな影響を及ぼす可能性が高い10大新興技術を発表した（Top 10 Emerging Technologies of 2016）。

そこで取り上げられたのは、バイオ・医療関係が2つ（光遺伝学、生体機能チップ）、材料関係が4つ（次世代電池、二次元材料：原子1〜3層の厚みしかないごく薄い材料、ペロブスカイト太陽電池、システム代謝工学）。残り4つは、つぎのように情報関連の技術だ。

・ナノセンサーとインターネット・オブ・ナノシングス（人体内で循環できたり建築資材に埋め込めたりするナノセンサー）
・ブロックチェーン（仮想通貨の基礎技術である分散公開台帳）
・自動車の自動運転
・オープンAIエコシステム（自然言語処理と社会意識アルゴリズムが進歩した。またビッグデータの利用が可能になった。スマートデジタルアシスタントは、近い将来、幅広い仕

事で役立つようになる)

なお、同フォーラムは、これとは別の報告書(*The future of financial infrastructure: An ambitious look at how blockchain can reshape financial services*)で、「ブロックチェーン技術は次世代の金融サービスの鍵となるだろう」としている。

全体として見ると、ハードウェアからソフトウェアへと比重が移っていることが分かる。センサーの製造はハードウェアの生産だが、それをいかに用いるかが重要な課題となるだろう。

また、製造業の中核ともいえる自動車についても、人工知能による自動運転というソフトウェアの側面の重要性が高まっている。自動運転が可能になれば、自動車の使い方は現在とは大きく変わるはずだ。したがって、自動車を社会全体としてどのように使うかという、システム設計が今後重要になるだろう。

ブロックチェーンやAIエコシステムに至っては、実体的なものは何もないソフトウェアの技術である。

特許出願数は世界2位だが、技術革新力は16位にとどまる日本

では、日本は、技術のこうした変化に対応しているだろうか? それをいくつかの指標で見ることにしよう。

まず、特許について国際的なランキングを見よう。世界知的所有権機関（ＷＩＰＯ）が２０１６年3月に発表した２０１５年の特許の国際出願件数ランキングを見ると、国別では、1位がアメリカ、２位が日本、３位が中国となっている。

しかし、特許数が技術開発力を示しているかどうかについては、疑問なしとしない。なぜなら、装置や材料に関する技術は特許を取りやすいが、ソフトウェア関連の技術の特許は取りにくいからだ。すでに見たように、最近の技術の動向は、ソフトウェアの比重が高まっていることなのである。

実際、総合的な技術開発力になると、日本の順位は、特許出願数の場合より落ちる。

ＷＩＰＯは、２０１７年8月、世界１２８カ国・地域の技術革新力を比較した16年のランキング「グローバル・イノベーション・インデックス（*The Global Innovation Index*）２０１６」を発表した。

それによると、１位は昨年に続いてスイスで、２位はスウェーデン、３位はイギリス、４位はアメリカ、５位はフィンランドなどとなっている。日本は16位だ。昨年の19位より上昇したとはいえ、かなり低い。アジアでは、シンガポール（6位）、韓国（11位）、香港（14位）が日本より上位にある。なお、中国は25位であって、日本との間に大きな差はなくなってきている

（そして、後で見るように、フィンテック分野では、中国は日本を遥かに追い越している）。

情報関連技術では10位、革新環境では33位

技術の内容を絞って情報関連のものだけを見ると、どうか。これについては、世界経済フォーラム（WEF）が、2016年6月に、*The Global Information Technology Report* を発表している。

総合ランキングである「ネットワークへの対応度」は、1位がシンガポール、2位がフィンランド、3位がスウェーデンなどとなっている。日本は139カ国中10位だ。

「ビジネスと革新の環境（Business and innovation environment）」では、日本は33位だ。とくに、「ビジネスをスタートさせるための日数」の64位、「ビジネスをスタートさせるための手続き数」の92位などが悪い。

このように、情報関連の技術では、日本はかなり立ち遅れている。しかも、技術そのものより、技術の環境がよくないことが分かる。

フィンテックへの投資はアメリカのわずか200分の1

情報関連をさらに絞って、フィンテックへの投資を見ると、どうか。コンサルティング会社

図表4-6 フィンテックに対する投資(2015年)

	フィンテック投資額（百万ドル）	対米比率（%）	2014年GDP（10億ドル）	対米比率（%）
アメリカ	12,212	100	17,348	100
イギリス	974	7.98	2,989	17.2
ドイツ	770	6.31	3,868	22.3
フィンランド	65	0.53	272	1.6
シンガポール	69	0.57	308	1.8
日本	65	0.53	4,605	26.5

(資料)アクセンチュア

のアクセンチュアが、世界のフィンテックベンチャーなどへの投資額を集計したレポートを発表した。結果の概要は、図表4－6に示すとおりだ。

2015年のフィンテック投資は、世界全体では前年比75%増の223億ドルだった。日本では20%増の6500万ドルだった。しかし、これは、首位のアメリカの122億ドルの0・5%でしかない。イギリスの9・7億ドルと比較しても1割未満だ。アジア域内でも中国の30分の1、インドの25分の1でしかない。

また、伸び率で見ても、中国が455%、インドが1115%、オーストラリアが1200%であるのと比較して、日本の伸び率20%はいかにも小さい。先進的なフィンテック分野において中国企業の躍進ぶりが目立つ半面で日本企業が低調であることを第4章の2で見たが、その背後には、こうした事情がある。

以上をまとめていえば、日本は情報関連で弱く、とくにフィンテックでは絶望的といえるほどに弱いことが分かる。

ベンチャーが育たない日本の「閉鎖性」

しばしば、技術開発について、「エコシステム」ということがいわれる。これは、新しい技術を開発するための体制である。

エコシステムとは、本来は「生態系」を意味する生物学の用語であるが、経営学では「複数の企業や人材が結びつく仕組み」という意味で使われる。通常問題とされるのは、企業、金融機関、投資家がどのようなシステムを形成しているかだ。ただし、従業員や関連会社なども含めて、より広い範囲の関係者がつくるシステムとして捉えることが必要だ。

このコンセプトは、以下に述べるように、技術の開発だけではなく、活用についても重要だ。日本企業のエコシステムの特徴は、「閉鎖性」だ。

これはまず、人材について問題をもたらす。新興企業の「新しいインフラ」は人材だ。しかし、ここで企業エコシステムが問題になる。それは、雇用体制の問題だ。

アメリカではフリーランサーが増えているが、日本では人材を企業の中に囲い込んでいる。これについては、第2章で述べた。このような閉鎖性のために、ベンチャー企業が育たず、他方、大企業では組織が硬直化し、従来型の技術開発路線から転換できない。また、後で述べるオープンイノベーションに対応できない。

オープンイノベーションに対応できない日本

日本の製造業は、モノづくりに集中している。例えば自動運転の自動車に関しても、本来はソフトウェアが重要であるにもかかわらず、ハードウェアの側面に関心を持つ。ＩｏＴや仮想通貨についても、センサーの製造という問題に関心を持つ。

これは、右に述べたような組織の構造だけでなく、高等教育における人材の育成体制の問題も関わっている。新しい技術の動向は、従来の硬直化した大学の学問体系では対処できないにもかかわらず、日本の大学の工学部はハードウェアに偏っているのだ。そして、それをなかなか変革できない。

日本企業の閉鎖性を如実に示しているのは、オープンイノベーションに対応できないことだ。「オープンイノベーション」とは、企業内部のアイデアだけでなく、他社や大学、公共主体などの外部のアイデアを組み合わせて、新しいビジネスモデルや製品、サービスの開発を行なおうとする方法だ。

その始まりは、カナダの金鉱山会社ゴールドコープが、金の探査プロセスを公開したことだった（ドン・タプスコット、アンソニー・Ｄ・ウィリアムズ『ウィキノミクス』〈日経ＢＰ

社、2007年〉に、このプロジェクトの詳しい説明がある)。

その後、さまざまな分野でこの方式が進んだ。グーグルマップの「マッシュアップ」も、「オープンイノベーション」の1つの形態と考えることができる(「マッシュアップ」とは、複数のソースから提供されるコンテンツを組み合わせてソフトウェアをつくること。ジェフ・ジャービス『グーグル的思考』PHP研究所、2009年を参照)。

マッシュアップによって、さまざまな情報をグーグルマップの上に示すことが可能になる。Uber や Airbnb などの新興企業の根底にあるのも、グーグルマップのプラットフォームとしての利用だ。2016年7月に爆発的な人気を集めた「ポケモンGO」も、インターネット上の地図があることによって可能になったものだ。

ところが、日本の場合、シャープ亀山工場に典型的に見られるように、垂直統合型の巨大工場をつくり、技術の流出を防ごうとした。この例に限らず、技術の漏出にきわめて神経質で、オープンイノベーションなどという発想は出てこなかった。

第5章

トランプ大統領の政策はアメリカの労働者のためになるか？

1 トランプの票田「さびついた工業地帯」は実は目覚ましく復活

「アメリカでもっとも惨めな都市」だったクリーブランドは復活した

トランプ米大統領は、ラストベルトの労働者に支持されたといわれる。「ラストベルト」とは、「さびついた工業地帯」という意味だ。そこは、本当にさびついて、どうしようもない地域なのだろうか？

実は、グーグル・ストリートビューで見ると、意外な実態が浮かび上がる。

ラストベルトの典型は、クリーブランド、ピッツバーグ、デトロイトなどの諸都市だ。まず、クリーブランドを見よう。

ここは、五大湖上を運ばれてきたミネソタ産の鉄鉱石と、鉄道で運ばれてきたアパラチア産の石炭が積み下ろされる場所で、鉄鋼産業や自動車産業が発達した。１９２０年には人口が約80万人となり、全米第5の都市になった。

しかし、60年代以降、重工業が衰退し、市も貧しくなった。78年には債務不履行に陥った。

市は衰退の一途をたどり、60年代から70年代にかけては、「Mistake on the Lake（湖岸の過ち）」と呼ばれた。一時は、「アメリカでもっとも惨めな都市」とされた。確かにさびついてしまったのだ。

では、現在はどうか?

グーグル・ストリートビューでクリーブランドの中心街や郊外の住宅地を見ると、どちらも「さびついた」という言葉からはまったくかけ離れた風景だ。

都心部は、人口が同程度の日本の地方都市（高松、岐阜など）より洗練されている。日本の駅前商店街や中心街のさびれようと比べると、ずっと生き生きしているように見える。住宅地は、日本なら超高級住宅地だ。広い敷地で、日当たりもよい。都心までも簡単に通えそうだ。

もちろん、荒廃した地域はある。都心の南を見ると、カヤホガ川に沿って広大な工場地帯があるのが分かる。ここには、廃棄されているように見える工場もある。しかし、そのさらに外に行くと、環境のよい住宅地が広がっているのだ。

クリーブランドで、確かに製造業は衰退した。しかし、それに代わって、金融、保険、医療産業など、高度なサービス業が発展したのだ。

クリーブランドは、もともと医療産業が強かったのだが、有力な医療機関が集まり、さらに、医療機器のサプライヤーやヘルスケア産業関連の企業が多数集積し、医療産業都市を形成している。いまでは、クリーブランドは「Comeback City（復活の街）」といわれるようになっている。フォーブス紙は、「同市は、いまやアメリカでもっとも熱い町になった」と評価した。

鉄鋼都市だったピッツバーグもハイテク産業で復活

クリーブランドは特別だろうか？　そこで、ラストベルトを南東に進んでみよう。そこには、ピッツバーグがある。

1875年、アンドリュー・カーネギーが近郊に鉄工所を創設し、鋼《はがね》の生産が始まった。この鉄工所は、後にカーネギー・スチール・カンパニーとなった。

1901年には、他の鉄鋼2社と統合され、アメリカ最大の鉄鋼会社USスチールが設立され、同市に本社が置かれた。10年代には、全米で生産される鉄鋼の3分の1から2分の1がピッツバーグで生産された。

しかし、70年代から80年代に、鉄鋼業は衰退した。工場は相次いで閉鎖に追い込まれ、町には大量の失業者が溢れた。製鉄工場の廃墟と公害が残り、アメリカでもっとも住みにくい都市の1つに転落した。この都市も確かにさびたのだ。

では、ピッツバーグの現在の姿はどうか？

ダウンタウンのスティールプラザの近くをグーグル・ストリートビューで見ると、ピッツバーグが蘇《よみがえ》ったことがはっきり分かる。ピッツバーグの産業構造は、ハイテク産業をはじめ、保健、教育、金融を中心としたものに転換したのだ。とりわけ、健康医療産業の成長が著しい。

同市は、全米2位の医療研究都市となった。世界中から企業や民間研究機関がピッツバーグに集まり、巨大な医療産業集積が形成された。医療産業を核に地域の再生・繁栄に成功した例として注目されている。鉄鋼工場の廃墟が医療施設群に取って代わったことから、いまではピッツバーグは全米でもっとも住みやすい都市になった。

山の中の鉄鋼町ジョンズタウンにも復活の兆し

クリーブランドやピッツバーグは、大都市だから復活できたのだろうか? 実は、そうではない。

ピッツバーグからさらに東に進むと、アレゲニー山脈が連なる山岳地帯に、山奥の町ジョンズタウンがある。ここは、運河沿いの重要な積み替え港だった。ペンシルバニア鉄道が開通すると、市は成長した。

1860年までに、ここにあるカンブリア製鉄会社が国内で最大級の鉄鋼生産者となり、同市はピッツバーグやクリーブランドを凌《しの》ぐまでになった。19世紀の後半を通じて、この町は国内の有刺鉄線の大半を生産した。20世紀初期には人口は7万5000人に達し、中心街には5

つの大きな百貨店があった。この町は数度の洪水に襲われたが、そのつど復活した。しかし、70年代、80年代にアメリカの鉄鋼業の衰退とともに、町も衰退したのである。いまでも町の東側のコンモー川に沿って工場はあるが、古びている。現在の人口は2万人に減少している。

とはいえ、町がさびれきってしまったのかといえば、そうではない。現在の町の中心部をグーグル・ストリートビューで見ると、かなりの活気がある。日本の山の中にある人口2万人の町（例えば、北海道士別市）と比べれば、この町は、ずっと活気があるように見える。

この町には、バイオサイエンスや防衛産業などの先進的企業が立地し始めており、医療産業は市内の雇用機会のかなりの比率を占めている。この地域は、中西部からニューイングランドに至る「ヘルスベルト」医療産業地域の一部になろうとしているのだ。

日本の地方都市と比較すればアメリカの地方都市は豊か

ラストベルトの都市を日本の地方都市と比較するには、本来は地域所得のデータを用いて比較すべきだ。しかし、地域の所得を国際比較するのは、さまざまな技術的問題がある。

そこで、まず国平均を比較してみよう。２０１５年における１人当たりのＧＤＰ（国内総生産）は、日本は３万２４７９ドル、アメリカは５万６０８４ドルである。つまり、アメリカは日本の約1・7倍だ。

アメリカは全体としてこれだけ豊かなのだから、国の中で同じような位置にある都市を比較すれば、「アメリカの都市は、日本の都市より1・7倍程度豊かだ」といってよいだろう。

では、クリーブランドやピッツバーグと比較すべき日本の都市はどこだろうか?

クリーブランドの人口は約40万人で、全米で第45位だ。ピッツバーグの人口は約30万人で、全米で第59位である。日本では、高松、岐阜などが全国で45位程度だ(人口の絶対数もクリーブランドとほぼ同じで、40万人程度)。また、いわき市、前橋市などの順位が60位近くだ(これらの都市の人口は30万人を若干超える)。

したがって、国の中での都市間所得分布が日米で同じだとすれば、クリーブランドの地域所得は高松、岐阜などの1・7倍程度であり、ピッツバーグのそれは、いわき市、前橋市などの1・7倍程度ということになるだろう。右に見た都市の景観は、この数字と整合的なものといえる。

ラストベルトは「新しい産業」で復活した

以上で述べたことで重要な点は、2つある。

第1に、アメリカは、ダメになってしまったわけではない。「アメリカはうまくいっていない」「グローバル化によって痛めつけられた白人層がトランプを支持した」とよくいわれる。

そうした人たちがいることは、事実だ。しかし、それがアメリカの平均かといえば、決してそうではないのだ。ラストベルトですら、全体としては目覚ましく復活している。「アメリカはダメになった。だから、日本はいまのままでよい」という考えが広まるとしたら、きわめて危険なことだ。

第2に重要な点は、アメリカの復活は、製造業の復活によってもたらされたものではないことだ。それは、新しい産業が生まれることで実現した。ラストベルトの場合には、すでに述べたように、医療産業が中心である。新しい産業を見いだした都市は、ラストベルトにあっても、目覚ましく発展しているのだ。

トランプ大統領はそれを理解せず、1980年代までの主要産業であった製造業を復活させようとしている。その半面で、オバマケア（国民皆保険制度）を見直そうとした。これは医療産業にとっては打撃だから、アメリカの経済を弱めるだろう。

しかし、日本はそれを笑うことができない。日本では、製造業の復活が必要だとする意見が依然として強いのだ。

2　トランプ産業政策の問題点はデトロイト都市圏を見れば分かる

1980年代のデトロイトは廃墟のようだった

ラストベルトにあるクリーブランドやピッツバーグが復活していると、1で述べた。では、デトロイトはどうだろうか?

まず、都心部の様子をグーグル・ストリートビューで見ると、遠くに、GM本社が入っている現代的な建築群ルネッサンスセンターが見える。しかし、近景は、古い建物と駐車場だ。デトロイトは、クリーブランドやピッツバーグとはだいぶ様子が違う。

1980年代には、もっとひどかった。この頃、私はデトロイトを訪れたことがある。GM本社がルネッサンスセンターに移転する前で、そこまでの道筋は、爆撃の後のようだった。廃墟のような瓦礫《がれき》のなかを車で走ったことを覚えている。80年代に、アメリカの自動車産業は日本の自動車に押されて衰退し、ラストベルトは、さびたどころか、崩壊してしまったのである。

デトロイトの人口がもっとも多かったのは1950年で、約185万人だった。しかしその後減少し、2000年には約95万人となった。リーマンショックでも激減し、13年には約69万人となった。

13年には財政破綻に追い込まれ、連邦破産法第9条の適用を申請した。負債総額は180億ドルを上回り、アメリカの自治体の財政破綻としては、過去最大となった。

犯罪が増加する一方で、公共サービスは低下。アメリカでもっとも危険な町といわれた。銃で撃たれて警察や救急車を呼んでも無視され、運よく警察が来ても、到着までに平均1時間ほどかかるといわれる状態だった。

14年には、連邦破産裁判所がデトロイト市の再建案を承認。70億ドルの債務免除が認められた。デトロイトは、これから市政サービスを正常化させ、再生に向かおうとしている。このように、デトロイトは、いま荒廃から抜け出そうとしている。しかし、回復は容易でないだろう。

自動車産業に固執すれば復活は難しい

楽観ができないのは、デトロイトの自動車産業という単一の産業に依存しているからだ。

鉄鋼の場合には、早くからアメリカの鉄鋼産業が衰退し、政府からの救済がなかった。だから、他の産業に転換するしかなかった。

しかし、自動車産業は、連邦政府が援助した。だから生き残った。いまもトランプ政権は、アメリカの自動車メーカーを助けようとしている。それは、アメリカの産業構造転換を遅らせる効果しか持たないだろう。

また、仮に自動車の生産がアメリカに回帰したとしても、労働組合が強い北部に立地するのではなく、南部に立地するだろう。実際、日本や韓国のメーカーは、全米自動車労働組合（UAW）など、労組が力を持つデトロイトを避け、南部諸州に工場を建設した。トヨタについて見ると、工場があるのは、ケンタッキー、インディアナ、テキサス、ミシシッピなどだ。

デトロイトの工場地帯、リバールージュの河口の島を古い写真で見ると、USスチールの工場が並んでいる。しかし、いまはかなり荒れ果てている。この少し上流に、有名なフォードのリバールージュ工場がある。1928年に完成した時点では、世界最大の自動車工場だった。鉄、ガラス、ゴムなどの生産まで工場内で行なう垂直統合工場で、最盛期には12万人の従業員が働いた。工場内に高炉があり、鉄鉱石を運び込んでからわずか28時間後にT型フォードを出荷することができた。現在でも操業は続けられているが、周囲はかなり荒廃している。

トランプ大統領がアメリカからの工場移転を引き留めたとしても、こうした工場を復活させるのは、とても無理だろう。

デトロイト郊外のサウスフィールドは「未来都市」

しかし、デトロイト都市圏が全体としてダメになったわけではない。その郊外には、驚くべき未来都市が成長している。

デトロイト都心から20キロほどの郊外にあるサウスフィールドは、デトロイト都市圏の新しいビジネスの中心地である。ウィキペディアによると、事務スペースは251万平方メートルで、デトロイト中央事業地区の309万平方メートルの8割くらいになる。

マイクロソフトやシスコなどのハイテク企業がオフィスを構えている。この他に、国際的に有名な企業の本社もある。デンソーも、ここにテクニカルセンターを設け、技術開発に取り組んでいる。

1980年代にデトロイトを訪れたとき、ここにあるウェスティンホテルに泊まった。現代的なビル群と町の活気に圧倒され、デトロイト中心部とのあまりの違いに驚嘆した覚えがある。この町の様子を見れば、ラストベルトのすべてがダメになったわけではないことが、はっきりと分かる。

「ラストベルトは時代に見放された地域であり、そこには貧しい白人たちがこれまでの政治に不満を抱いている」という考えに凝り固まると、実態を大きく見誤ることになる。その地域に貧しい人々がいることは間違いない。しかし、それが平均的な姿だとは、決して言えないのである。

多くの報道は、事前にストーリーをつくり、そのストーリーに合うようなインタビューを行ない、それに合う写真を掲載する。それらがたとえ一部のものにすぎないとしても、読者は、それがすべてであると思ってしまう。外国の事情に関しては、とくにこうした誤りに陥りやすい。グーグル・ストリートビューなどで実際にどんな場所なのかを確かめてみることが必要だ。

日本の地方都市の発展は中央官庁の移転では実現できない

以上で見てきたラストベルトの状況は、古い産業を復活させようとするトランプ大統領に対する重要な警告だ。それだけでなく、われわれが日本の地方都市の復活を考える場合にも、重要な教訓を与えてくれる。

日本の地方都市は、高度成長期に成長した製造業の工場や、その下請け企業によって支えられてきた。それが衰退することによって、地方都市も衰退した。これは、ラストベルトの都市が衰退したのと同じ現象だ。

ただし、日本の地方都市の多くは、その後、新しい産業を成長させたわけではなく、国からの補助に頼ろうとしている。中央官庁の一部を地方都市に移転させることによって地方の活性化を図るという考えは、その典型だ。

２０１４年12月に閣議決定された「まち・ひと・しごと創生総合戦略」は、地方の人口減少が著しいペースで進むことが予測されるため、「東京一極集中の是正」と「地方への新しい人の流れをつくる」という目標を設定し、民間企業の本社機能などを地方都市に移すという目標を掲げた。

15年には、中央省庁など政府機関を地方に移転させる計画を進めることになり、文化庁を京都に、消費者庁を徳島に移転する案などが検討された。ここには、「地方都市の発展には新しい産業が必要」という発想など、ひとかけらも見られない。

すでに見たように、ラストベルトの都市は、一様に衰退したわけではない。クリーブランド、ピッツバーグ、サウスフィールドのように新しい産業を興すことに成功した都市は、目覚ましく復活している。

重要なのは、経済条件の変化に対応して、地域の産業構造を変化させていくことなのである。地方都市の側で必要とされるのは、独自性や創造性だ。

3 シリコンバレーとはどんなところか

ペンタゴンより大きいアップル新本社ビル

カリフォルニアのシリコンバレーには、われわれの想像を超える企業本社のオフィスがある。現在のアメリカを牽引しているのは、こうした企業だ。ここでは外国人が多数働いているので、トランプ大統領が移民抑制的な政策を取れば、こうした企業の成長は抑えられ、アメリカ経済は打撃を受けることになる。

グーグルアースでカリフォルニア州のシリコンバレーを上空から見ると、巨大な宇宙船のようなものが目につく。これは、アップルの新しい本社ビル Apple Campus 2 である。実際に「アップル・スペースシップ」と呼ばれている。

当初は2016年末に竣工とされていたが、グーグルの写真では、まだ建設中だ。ユーチューブにある最近の動画を見ると、もう少し完成に近づいている。

この建物は、直径が約490メートルで、国防総省のビル、ペンタゴンよりも大きい。東京ドーム約6個分のサイズ、4階建てのガラス張りで、収容人数は約1万4000人。中には、約9290平方メートルもの巨大なジムもできるそうだ。

私は、巨大化が必ずしもよいとは思わない。実際、企業の巨大化の追求は、企業衰退の始まりであることが多い。このビルの空撮映像を見ていると、「メイズ・ランナー」という映画で、巨大な壁に取り囲まれた空間を思い出してしまう。それにもかかわらず、このスペースシップには圧倒される。

このようなビルを建設できる企業は、世界中にアップルしかないだろう。同社が時価総額で世界トップにあることが、このビルを見ると、納得できる。

「キャンパス」と呼ばれるフェイスブック本社

フェイスブックの新しい本社は、大学のように、「キャンパス」と呼ばれている。キャンパスの周りは、サンフランシスコ湾沿いの湿地帯だ。近くに店はなく、車でかなりドライブしなければならない。

そこで、レストランはもちろんのこと、それ以外の店もこのキャンパス内にある。つまり、ここは、フェイスブックの本社というより、1つの町になっている。誰でも入ることができるので、観光客もかなりいる。ユーチューブにある動画を見ると、説明されないかぎり、どこかの観光地にある町だと思うだろう。

「街の広場」のような雰囲気のグーグルプレックス

「グーグルプレックス」と呼ばれているグーグルの本社は、総面積が4・7万平方メートルある。ここには、オフィスのほか、公園、世界の料理を提供する無料の社員食堂、フィットネスジムやサウナなどもある。ブティックホテルを意識し、街の広場のような雰囲気となるように設計したといわれる。この雰囲気も航空写真ではよく分からないが、ユーチューブの動画だと分かる。

ここには、かつてはシリコングラフィックス(業務用コンピュータの開発・製造・販売を行なう企業)の本社があった。フェイスブックの本社の場所も、もともとはサン・マイクロシステムズが使っていた(サンは、コンピュータの製造とソフトウェア開発を行なう企業で、現在はオラクル傘下にある)。シリコンバレーでは、企業の栄枯盛衰が激しいことが分かる。

私は、2004年から05年にかけて、シリコンバレーにあるスタンフォード大学にいた。そのとき、アップルもグーグルもすでに注目を浴びていた。アップルはiPodの発売直後で、グーグルはIPOを行なった直後だった。

当時の両社の本社は、いずれも斬新な建物ではあったが、異常というようなものではなかった。しかし、いまの両社の本社は、まさに異常なものだ。それほどまでに異常な成長があったことの結果だ。売上高や時価総額の数字を見てもそのことは分かるのだが、写真や動画を見ると、一目瞭然で把握できる。

このような異常な風景が展開している地域は、世界中でシリコンバレー以外にない。

移民を制限すればシリコンバレーには打撃

第4章の1で見たように、シリコンバレーの企業が、現在のアメリカで時価総額の上位を占めている。アメリカ経済は、このような企業によって支えられているのだ。

これらの企業は、従来のアメリカ経済をリードしてきた企業とはきわめて異質のものだ。グーグルやフェイスブックは、そもそも製造業ではない。アップルは製造業だが、自動車産業などとはまったく異なる製造業だ。アップルは工場を持たない「ファブレス」製造業である。

シリコンバレーで働いている人たちは、自動車産業で働いている（あるいは、かつて働いていたが失業した）労働者とは、別の人たちだ。したがって、シリコンバレーの企業が成長しても、自動車産業の労働者に直接の利益が及ぶわけではない。アメリカ国内にこうした分裂があることは、間違いない事実である。

トランプ大統領は、「移民がアメリカ国民の雇用を奪っている」と主張し続けている。しかし、移民を制限したところで、自動車産業の労働者の職が増えるわけではない。

他方で、移民を制限すれば、シリコンバレーの先端産業には間違いなく不利に働く。なぜなら、インド人や中国人は、これまでシリコンバレーの発展に大きく寄与してきたからだ。トランプ大統領が移民に対して厳しい政策を取れば、結局のところ、アメリカ経済の成長を阻害することになる。

4 新しいアメリカ経済をつくったシリコンバレー

「集積」はインターネット時代にも意味があるか？

ドナルド・トランプ米大統領の政策は、シリコンバレーを中心とするアメリカのハイテク産業の発展を阻害する危険がある。これは、アメリカの経済に甚大な悪影響を与える。なぜなら、現代のアメリカ経済をリードしているのは、これらハイテク企業群だからだ。

では、イノベーションを生み続けてきたシリコンバレーとは、どんなところか？

「シリコンバレー」とは、米カリフォルニア州サンフランシスコの南の湾岸に広がっている地域だ。サンフランシスコ国際空港からは、高速道路280号線で向かう。この道路は、「世界で最も美しい高速道路」と呼ばれている。1時間ほど走ると、左の丘の上に、パラボラアンテナが見えてくる。ここがスタンフォード大学のキャンパスだ。

ここで高速道路を降りると、スタンフォード大学を中心として、美しい自然に囲まれた小さな町が点在しているのが見える。その1つが、パロアルトだ。

この近くには、本章の3で紹介したアップル、グーグル、フェイスブックをはじめとするIT関連の先端企業が本拠を構えている。この他にも、さまざまなスタートアップ企業が活発な活動を展開している。IT革命はシリコンバレーのスタートアップ企業によって開かれた。

インターネット時代においては、通信はきわめて容易にできる。したがって、同じような経済活動が1カ所に集積する意味はないように思われる。

それにもかかわらず、シリコンバレーには、IT企業が集積している。いったい、集積することに、どんな意味があるのだろうか。しかも、ニューヨークのような大都市圏ではないところに、企業が集まっている。これも、きわめて興味深い現象である。

これについては、いくつかの研究がある（例えば、チョン・ムーン・リー、マルガリート・ゴン・ハンコック、ウィリアム・F・ミラー、ヘンリー・S・ローエン『シリコンバレー　なぜ変わり続けるのか』日本経済新聞社、2001年）。それによれば、シリコンバレーの環境は、イノベーションを生み出すのに理想的なものだ。

したがって、イノベーションを生む環境とはどのようなものかを知るには、シリコンバレーについて、具体的に知る必要がある。

しかし、シリコンバレーは、ニューヨークやサンフランシスコのような大都市とは違って、広い範囲に低密度で分散しているので、自動車がないと移動できない。だから、日本からの旅行者は訪問しにくい。このため、「シリコンバレー」という言葉は広く知られているが、そこが具体的にどのような場所なのかは、あまり知られていない。以下では、シリコンバレーの環境がどのようなものかを具体的に見ることとしよう。

シリコンバレーのイノベーションにおけるスタンフォード大学の役割

シリコンバレーのイノベーションにおいて、スタンフォード大学が重要な役割を果たしたことは間違いない。実際、多くのＩＴ企業がスタンフォード大学の関係者によって創業された。グーグル、ヤフー、シスコ、サン・マイクロシステムズなどは、スタンフォード大学の大学院生や関係者で創設され、当初は、スタンフォード大学内で試験的な事業を行なっていた。

こうなったのは、スタンフォード大学に工学部が存在したからだ。日本の大学に工学部があるのは普通のことだが、欧州の大学には、伝統的に工学部がなかった。「実用的教育は、大学が行なうべきものではない」と考えられていたからである。エンジニアリングの教育は、大学よりは格下の教育機関であると見なされていたTechnische Hochschule（技術高等学校）で行なわれていた。アメリカ東海岸の大学も、このようなヨーロッパの伝統にしたがって、工学部を持たなかった。

ところが、スタンフォード大学には、設立当初から工学部があった。それは、創設者であるカリフォルニアの鉄道王、リーランド・スタンフォードの「大学でも実用的な知識を教えるべきだ」との考えによる。

第二次世界大戦後は、企業の研究所がスタンフォード大学の周辺に立地した。とくに有名なのは、ゼロックスの研究所だ。スタンフォード大学は広大な敷地を保有していた（敷地面積は、東京の山手線の内側のほぼ半分程度）。ところが、リーランド・スタンフォードは、この売却を認めないこととしていた。そこで、大学は、土地を研究団地としてリースすることにしたのである。これらの研究所は、大学と相まって、イノベーションの重要な推進主体となった。

スタートアップ企業の資金を支えたベンチャーキャピタル

イノベーションが生まれても、それを事業化するには、資金が必要である。ところが、スタートアップ企業に対して、伝統的な金融システム（株式市場や銀行融資）は、資金供給することができなかった。事業がまったく新しいもので、リスクが高すぎたからだ。

この段階における企業に資金供給したのが、ベンチャーキャピタルである。将来どうなるかわからない事業に出資し、経営指導などをして成長させ、ある段階に達したら、IPO（新規株式公開）をさせる。

そのようなベンチャーキャピタルが、シリコンバレーにはいくつも存在していた。これまで述べたハイテク企業は、どれもこのようなルートをたどって成長した。

ハイテク企業養成に特化したベンチャーキャピタルとしては、セコイア・キャピタル、KPCB（クライナー・パーキンス・コーフィールド&バイヤーズ）などがある。

シリコンバレーのどこかで新しい発明がなされたと聞くと、ベンチャーキャピタルの専門家がすぐ車を飛ばして現地に赴き、デモンストレーションを見る。ここには、「近くにいる」ということの利点が、明らかに発揮されている。

グーグルの場合も、検索エンジンのデモンストレーションを見たアンディ・ベクトルシャイム（サン・マイクロシステムズの共同創業者）が、直ちに10万ドルの小切手を切った（ところが、それを受け入れるのに必要な銀行口座をグーグルが持っていなかったという有名な逸話がある）。

グーグルの事業は最初、個人の家のガレージで行なわれていたが、この出資でオフィスを構えることができるようになった。その場所が、パロアルトのユニバーシティ・アベニュー165番地だ。

ところで、「先端的な金融機関」というと、現代的な超高層ビルにオフィスを構えているというイメージを描く人が多いと思う。実際には、ベンチャーキャピタルの多くは、パロアルトやメンロパークという小さな町のなかにある。サンドヒルロード2800番地は、セコイア・

キャピタル、KPCBなどいくつものベンチャーキャピタルが集まっている団地だ。ビジネス街という雰囲気はまったくなく、住宅地かリゾート地のような雰囲気だ。このように、ベンチャーキャピタルも牧歌的雰囲気のなかに立地している。

集積によって得られるインフォーマルな情報の重要性

集積によって得られる重要なものは、情報である。しかも、公開されていない非公式の情報だ。印刷前であることはもちろん、インターネットにも流れる前の情報が得られる。「いま何が重要か」「将来どの方向が有望か」などについての情報だ。

人と人との直接の接触によって、こうしたインフォーマルな情報を得られるのが、集積の最大のメリットだ。それは、大学のセミナーや町中のレストランで交換される。

大都市のなかにいると、現実に押し流されて、方向が見えなくなる。政治の中心であるワシントンや、企業の本社があるニューヨークにいると、そうなる。そうした地域から離れていることに意味がある。それによって、自由な発想が可能になるのだ。それと同時に、シリコンバレーは、大都市サンフランシスコから、そう離れているわけではない。

こうして、シリコンバレーは独自の文化圏をつくりだした。それは、ここに本拠を構えるハイテク企業のビジネスモデルに大きな影響を与えている。このように見ると、日本で同じような環境をつくるのは、それほど容易でないことが分かる。

将来を決めるのは依然としてシリコンバレーか?

シリコンバレーの変遷は激しい。本章の3で述べたように、グーグルやフェイスブックの現在の本社の所在地は、サン・マイクロシステムズやシリコングラフィックスなど、1980年代から90年代にかけてのIT革命をリードした企業の所在地だった場所だ。

いまのところ、人工知能の技術で支配的地位を占めるのは、ビッグデータを持つグーグルやアップルなどシリコンバレーの企業のように見える。これからもこうした企業が成長していくのか、それともまったく別のものが現れるのか、分からない。

シリコンバレーのハイテク企業には、多くの移民や外国人が働いている。したがって、トランプ政権が彼らに敵対的な政策を取れば、シリコンバレーの企業は深刻な専門家の不足に悩む危険がある。

また、シリコンバレーの文化自体が、不動産のビジネスマンであるトランプの考えとは、そりが合わない。だから、トランプ政権の成立は、シリコンバレーにとって強い逆風だ。トランプ政権の移民政策や、重厚長大産業の復活を目指す産業政策が、今後、シリコンバレーの発展にどのような影響を与えるのかが注目される。

5 トランプとシリコンバレーの対立

伝統的な製造業対先端産業

２０１６年のアメリカ大統領選の過程で、ドナルド・トランプとハイテク企業の反目が注目された。

トランプは、製造業はアメリカで工場を操業せよという。しかし、アップルは中国での生産を変えるつもりはない。アマゾンはＡＩを活用して省力化を進めようとしている。

トランプはまた、中国からの輸入に対して関税を掛けるべきだとしている。仮にそうしたことが本当に行なわれれば、アップルのように、中国にサプライチェーンを持ち、そこで生産した製品をアメリカに輸入する企業にとっては痛手になる。ただし、このような政策が、現実に行なわれるかどうかは疑問だ。

もっとも大きな問題となりうるのは、外国人の就業に関してトランプ政権が排他的な政策を取る可能性があることだ。

とくに問題なのは、外国人専門家の就業機会が制限される可能性があることだ。これまでのアメリカの先端的な技術開発は、アメリカ人だけによってなされたのではなく、中国やインドからの留学生がアメリカにとどまることによって推進した面が大きかった。それに関連して重要な役割を果たしてきたのが、H－1Bビザ（後述）である。しかし、大統領選挙中、トランプはこれを縮小あるいは廃止する可能性について言及していた。

中国やインドからの留学生がアメリカで就業できなければ、母国に帰国する。そして、アメリカの技術開発力が低下して、中国やインドのIT産業の発展が促進される。外国人排斥的な政策は、アメリカのもっとも重要な成長力を奪うことになるのだ。

IT先端企業には恩恵がないトランプの資金還流税制

アメリカのIT先端企業は利益の多くを海外に留保している。トランプは、これに対して、反対の立場を表明してきた。

ブルームバークの推計では、アメリカ企業が海外に留保している資金は、2・6兆ドルにもなる。アップルは、海外で2160億ドルのキャッシュ（時価総額の3割近くに相当）を蓄えているといわれる。

トランプは、それをアメリカ国内に還流させるため、タックスホリデーを設け、その期間は海外からの還流資金の税率を10%にするとしている。

ゴールドマン・サックスは、トランプの提案通りの税制改革がなされれば、アメリカに2000億ドルのキャッシュが還流するだろうと推定している。アメリカの経常収支の年間赤字額は、2015年、16年には4600億～4700億ドル程度であるから、2000億ドルはかなり大きい。こうした資金還流が実現すれば、かなり大きな変化が生じるだろう。とくにドル高と株高がさらに進むことになるだろう。

しかし、この措置がIT先端企業にとってどれだけのメリットとなるかは、疑問だ。例えば、アイルランドの法人税率は12・50%であり、仮にアメリカが還流税率を10%にしても大きな差はない。

それに、アイルランドにある現地法人は、必ずしも課税逃れのためのペーパーカンパニーではない。例えばアップルの場合、従業員6000人を雇用する重要な欧州拠点となっている。同じことは、グーグルやフェイスブックについてもいえる。アイルランドの労働者の5人に1人は、外国の多国籍企業で働いている。

こうした事情を考えると、IT先端企業にとって、トランプの資金還流税制の恩恵はあまり大きくない。また、仮に還流しても、IT企業の株価を高めるのではなく、従来型産業の株価を高める可能性がある。

専門家のH－1Bビザを制限すれば、人材が流出する

シリコンバレーでもっとも重要なのは、人間の頭脳だ。機械設備や資本ではない。ところでその頭脳は、必ずしもアメリカ人のそれではない。外国人の頭脳が大きな役割を果たしている。

「シリコンバレーにおける技術開発はICによってなされた」とよくいわれる。ICとは、「インド人と中国人」という意味だ。最近では、グーグルやマイクロソフトに、インド系のCEO（最高経営責任者）が誕生している。ローマ帝国の最盛期をほうふつさせるような状況が生じているのだ（本章の6で述べるように、ローマ帝国では属州出身者が皇帝となる例が珍しくなかった。この詳細は、拙著『世界史を創ったビジネスモデル』新潮社、2017年を参照）。

ところで、ハイテク産業における外国人の就労は、制度的には「H－1Bビザ」によって支えられてきた。これは、特殊技能職に認められる就労ビザだ。4年制大学を卒業していることが条件になっている。現在、1会計年度内の発行数が6万5000に限られている。これ以外に、アメリカで修士号を取得した申請者向けに、2万の枠が設定されている。2016年は、23万6000件の応募があった。

03年度の発行数が19万5000だったので、最近は大幅に縮小されていることになる。このため、取得が難しく、抽選になっている。

事業者からも、専門的技能を持つ外国人に対する需要は多い。こうしたことを背景に、16年8月にフェイスブックのマーク・ザッカーバーグが、H－1Bビザの発行数を増やすべきだと主張した。

これに対してトランプは、「多くのアメリカの大企業がH－1Bビザを悪用して外国人労働者を雇用している。このためアメリカ人が職を得られなくなった」と主張した。16年11月にユーチューブの動画で優先政策課題について説明したなかで、「アメリカ人の雇用を奪う可能性のあるビザ悪用を調査する」とした（なお、トランプは「J－1ビザ」も廃止するとしている。これは、交換留学生やビジネストレイニー、インターンシップ生などに発給されるビザで、研修を目的にアメリカで就労することができる）。

仮に外国人専門家の就労が難しくなると、才能が海外に流出する危険がある。これまで、才能を持った多くの人々がシリコンバレーという場所に集積することの効果が大きかった。それがダメになると、アメリカの技術開発力が低下する可能性が高い。これはアメリカの成長にとって非常に深刻な事態だ。

いうまでもないことだが、専門家のビザを制限したところで、アメリカの一般労働者の職が増えるわけではない。これはメキシコからの違法移民問題とはまったく別の問題である。

異質性の尊重こそがアメリカの力の源だ。もともとアメリカの科学技術は、外国人によって支えられてきた。第二次世界大戦中には、ナチス・ドイツを逃れてヨーロッパからアメリカに来た科学者たちが、アメリカの科学水準を飛躍的に向上させた。このようなアメリカの長い伝統が、ここで大きく変わることになるかもしれない。

なお、H－1Bビザの問題は、本節の後の項で詳しく論じる。

ビザが制限されればハイテクは中国に移る?

ハイテク分野でのアメリカの技術力が衰えれば、「日本が先端分野で挽回するチャンスになる」という意見がある。しかし、まったくの見当違いといわざるをえない。

これは、アメリカへの留学生の出身国を見れば明らかである。Institute of International Educationによると、2015～16年における留学生の国別内訳は、中国が32万8547人(全体の中での比率31・5%)、インドが16万5918人(同15・9%)であり、日本は1万9060人(同1・8%)にすぎない。人口が日本の半分未満である韓国の6万1007人(同5・8%)にも及ばない。

このように、アメリカへの留学生には、圧倒的に中国人とインド人が多い。彼らのなかには、卒業後アメリカでH－1Bビザによって就労した者が多い。アメリカで排他的な風潮が強まれば、彼らは、中国やインドで就労するほうがチャンスが大きいと考えるかもしれない。

実際、中国やインドの成長率は驚異的だ。第4章の6で述べたように、アクセンチュアの調査によると、15年のフィンテック投資額の対前年伸び率は、中国が455%、インドが1115%だ。こうした地域に、先端的IT企業が移ってしまう可能性がある。

こうした事態に対して、カリフォルニア州では、イギリスのEU離脱を意味する「Brexit」になぞらえて、「Calexit」を求める声が広がっているといわれる。

もちろん、合衆国からの離脱は、EUからの離脱よりはるかに難しい。しかし、州の権限は強いので、全面的な離脱でなくとも、新しい改革を独自に行なうことは十分に考えられる。

すでに、そうしたことは行なわれている。例えば、タクシー配車サービスUberの広がりに対応して、カリフォルニア州では、タクシー免許を持っていないドライバーでも保険に加入するなど一定の基準を満たせば、営業ができるようになった(第2章の2参照)。

少し古いが、1978年には、カリフォルニア州の住民は、固定資産税に関する「プロポジション13」(提案13号)を住民投票で可決した。これは、固定資産税に関するラディカルな改革で、全米に波及した。カリフォルニア州には、もともと革新的な考えが強いのだ。

カリフォルニア州の人々がトランプ政権にどのように対応するのか。ハイテク産業の対応はどうか。これからの推移を見守りたい。

H－1Bビザ規則見直しはアメリカの方向を決める

ドナルド・トランプ米大統領は、2017年4月、H－1Bビザ発給の規則を変更する大統領令に署名した。

ただし、今回の見直しは、H－1Bビザの支給総数を減らす方向のものではなく、選抜方法と条件を変更しようというものだ。これは、シリコンバレーのハイテク企業の要望にも沿ったものとなっている。この間の事情を説明しよう。

申請の受け付けは毎年4月1日に始まり、早い者順に処理され、発行枠に達した場合は、コンピュータによるくじ引きでビザ取得者が決まる。一見したところ、どの候補者にも平等なチャンスが与えられている。

しかし、実際には、インドのアウトソーシング会社が受付開始と同時に大量の申請を行なうため、遅れると受け付けさえしてもらえない状態になるといわれる。

なぜアウトソーシング会社がH－1Bを申請するのか？　それは、アメリカの有力企業から業務委託契約を獲得するため、H－1Bビザを使って、インドから大量の労働者を呼び寄せるからだ。彼らをアメリカ企業の技術部門で訓練し、その後、給与が安いインドに戻す。もっとも多く要求される職は、コンピュータシステムアナリストとソフトウェア開発者だ。

だから、「アウトソーシング会社が、本来のプログラム利用者を押しのけており、H－1B

によって雇用が海外に流れている」との批判がなされている。

アメリカ政府の統計によれば、H－1Bビザの申請者のうち約7割がインド人だ。大量のH－1Bを取得しているのは、タタ・コンサルタンシー・サービシズ（TCS)、インフォシス(Infosys)、ウィプロ（Wipro）などのインドのアウトソーシング大手だ。

アウトソーシング企業のH－1B従業員に対する給与は、年間6万5000ドルから7万5000ドルである場合が多い。これは、さまざまな規制を避けるために必要な最低限の水準だ。しかし、経験豊富なIT労働者の給与よりは低い。グーグルやマイクロソフトの場合には、給与は10万ドル以上になる。

シリコンバレーのIT企業が恩恵を受けるか？

トランプ大統領は、大統領令の発表の際に、「H－1Bビザは現在、無作為の抽選で発給されているが、これは間違いだ。技能と給与水準がもっとも高い申請者に与えられるべきだ」と述べた。

現在検討されている改善の方法は、給与条件の引き上げだ。高い給与が条件になれば、低い給与しか出さないインドのアウトソーシング企業にとっては打撃だろう。そして、H－1Bビザ保有者は、アメリカの有力ハイテク企業に向かうことになるだろう。

実際、こうした変更は、ハイテク企業が望んできたところだ。グーグルやフェイスブックのようなハイテク企業は、ここ数年、その方向でのロビー活動を行なってきた。彼らは、H－1Bビザ保有者はアメリカ市民の雇用創出に貢献していること、ハイテク企業は同じ仕事をする平均的なアメリカ人よりも多くをH－1Bビザ保有者に支払っていることを主張している。

ただし、企業がH－1B従業員の給与を引き上げると、給与競争が促進されることになるだろう。これは、アウトソーシング企業だけでなく、アメリカの中小企業にとっても打撃になるだろう。彼らの多くは、トランプ大統領の支持者ではないだろうか？　彼がこうした可能性まで考慮に入れているのかどうか、分からない。

ところで、H－1Bビザの創設者たちは、H－1Bを持つ従業員を一時的な労働者として循環させるのではなく、H－1B保有者がグリーンカード（アメリカに永住できる権利）申請に向かうことを望んでいた。

H－1Bビザ数に上限を付しているのは、その過程を促進することが目的だった。狙いはグリーンカードであり、外国からの一時的な労働者を増やすことではなかった。しかし、インドのアウトソーシング企業の場合、従業員はインドとアメリカの間で転職するだけで、グリーンカードを手に入れることはめったにないという。

したがって、H－1Bビザの取得条件をこれまで述べたように修正することは、本来の目的に沿うように制度を修正することを意味する。

ただし、そうした修正が行なわれるにしても、それによって、インドへのアウトソーシングが減るわけではないだろう。インドへのアウトソーシングは、すでに多くのアメリカ企業の基本的なビジネスモデルとして定着しており、この構造は簡単に変えられるものではないからだ。

むしろ、アメリカ国内での技術者不足が深刻化し、インド等へのアウトソーシングが増える可能性が高い。だから、トランプ大統領が望むようにアメリカ人労働者の職が増えることはないだろう。

多様性を失えば創造性を失う

ところが、H－1Bビザに対しては、別の見方もある。

それは、「H－1Bビザは、南アジアと東アジアからの学生がアメリカで学位を取得したあと、アメリカで職を得ることを容易にしている。それが問題だ」という考えだ。こうした考えは、トランプ政権内で根強く存在する。例えば、首席戦略官・大統領上級顧問だったスティーブン・バノン氏の見解である。

アメリカに留学することの魅力の1つは、卒業してH－1Bビザを取得できることだ。しかし、トランプ政策は全体として移民阻止の方向に傾いているため、海外の学生は、アメリカに留学することをためらうようになっている。

多くのインドの学生が、他の場所で学びたいとしている。アメリカの移民政策について不確実性が大きいため、カナダを選ぶ学生が増える。ムスリムに対する敵視は、中東や南アジアの留学生にとっては、大きな不安要因だ。

こうなると、有能な人がアメリカに集まらなくなる危険がある。有能な人々が1カ所に集積することの意味は大きい。本章の4で述べたように、シリコンバレーが発展したのは、集積効果によるといわれる。新しいアイデアを生み出す過程においては、人々の間の非公式なコミュニケーションがとくに大きな役割を果たす。

ここにこそ、アメリカの強さの根源がある。それは、アメリカ人だけによって実現されているものではない。集積効果が阻害されてしまえば、アメリカの基礎技術開発力のもっとも重要な部分が損害を受けることになるだろう。アメリカの新しい文化は、多様性の尊重のなかから生まれてきた。そのような文化を否定することは、アメリカの社会の基本に重要な問題を提起するだろう。

そもそも、トランプ大統領の産業政策で想定されている産業の姿は、すでに確立された技術を用いる経済活動だ。トランプ経済政策の基本は、現在の先進的なアメリカ産業を、30年以上前のアメリカ経済に戻そうとするものである。そこでまったく欠けているのは、新しい技術の開発が重要という視点だ。

トランプ政権がＨ－１Ｂビザの条件をどう変えるかは、アメリカ社会にとってきわめて大きな意味を持つ。２０１７年４月に署名された大統領令は、この過程の始まりにすぎない。

6 復古主義、外国人排斥主義を実行すればアメリカは衰退する

トランプ政策は孤立主義というより復古主義

ドナルド・トランプ米大統領が主張している保護主義、孤立主義は、実行できるだろうか？彼は、中国を為替操作国として指定し、45％の報復関税を課すとした。また、北米自由貿易協定（NAFTA）は再交渉するとした。しかし、こうしたことを行なえば、安価な輸入品が途絶え、アメリカ国内の物価が上昇して、人々の暮らしが困窮する。現代の世界で、孤立は不可能な選択だ。

また、いまさらアメリカに鉄鋼業の大工場をつくって中国製の安い鉄と競争するわけにはいかない。自動車や電子製品についても同じだ。後者については、バラク・オバマ前大統領が、アップルのスティーブ・ジョブズに「iPhoneをアメリカでつくれるか？」と聞いて、即座に否定されたことがある。コストが高くなってしまうだけでなく、電子製品を大量生産するための中級技術者や部品のサプライチェーンがアメリカからは失われてしまっているからだ。

トランプが言っている「強いアメリカ」の話を聞いていると、映画「沈黙の戦艦」を思い出してしまう。この映画では、第二次世界大戦のベテラン砲手が、戦艦ミズーリの砲で悪人どもの潜水艦を撃沈する。潜水艦が北朝鮮製だったからよかったものの、現代のハイテク艦であれば、こちらが撃沈されただろう。

しかし、栄光の戦艦の蘇りを見て感激する人は多い。トランプは、そうした人々に向かって呼びかけたのだ。

だから、彼の政策は、孤立主義というよりは、むしろ復古主義だ。実際、彼の日本への攻撃は、いまの日本でなく、1980年代の日本に対するものとしか思えない。だが、アメリカの産業構造を80年代のそれに引き戻そうとするのは不可能である。

移民を制限すれば、国内の労働者に対する需要は増えるだろう。しかし、それは、かつてのアメリカの栄光ある製造業の労働者の復活ではない。メキシコからの移民が行なってきた単純労働を代替するだけだ。そして、経済全体として見れば、労働力不足が深刻化するだろう。

外国人の就労規制が強化されれば、先端産業の技術開発力が低下する。本章の5で述べたように、シリコンバレーのIT先端産業にとって、これは死活問題である。

所得格差が広がっているのは事実だが、その是正のためには、法人税の減税ではなく、所得税の増税が必要だ。そして、オバマケアのような医療保険制度を充実させる必要がある。ラストベルト（さびついた工業地帯）の労働者（あるいは元労働者）は、バーニー・サンダースに入れるべき票を、間違ってトランプに入れたのだ。

もっとも、アメリカ経済を80年代に戻すことなどできないことは、トランプも分かり切っているだろう。それを知りつつ、票集めのために叫んだだけなのだ。

実際に行なわれるのは、金融業の規制緩和や法人税の減税という古くからの共和党的な政策だろう。つまり、既成勢力のための政策だ。

戦艦ミズーリの大砲の復活は、結局、イリュージョンにすぎなかったことを知って、今後、ラストベルトの労働者の不満は高まるだろう。

トランプの外国人排斥でローマ帝国の轍を踏むか？

アメリカ大統領選挙におけるドナルド・トランプの勝利を見ていると、アメリカがローマ帝国の轍を踏むのではないかという懸念に襲われる。

ローマ帝国が長期にわたって繁栄を続けられたのは、異質性や多様性を尊重したからだ。共和制の時代からすでに、征服して属州化した地域の人々にローマ市民権を与えてきた。この結果、ある時期から、ローマ出身ではないローマ皇帝が増えた。エドワード・ギボンが『ローマ帝国衰亡史』（ちくま学芸文庫）の中で「人類史上もっとも幸せな時代をつくった」とした五賢帝には、属州出身者が多い。

「3世紀の危機」といわれた混乱の時代からローマを救ったのは、イリリア出身の皇帝たちだ。そこはドナウ川の近くなので、属州の中でも辺境に近い。ゲルマン民族の大移動に対してローマを防衛した将軍スティリコも、ゲルマン出身だ。ローマを攻撃したのも、防衛したのもゲルマン人だったのである。

ところが、4世紀末頃からローマ帝国に急速に広がった排他的感情のなかで、スティリコは皇帝ホノリウスによって処刑された。ローマ帝国は急速に変質し、そして崩壊したのである。トランプは、現代のアメリカにおけるホノリウスになる危険がある。

彼が選挙中に公言していたように外国人の就労機会が制限されると、これまでアメリカの成長を支えてきたハイテク産業が失速するかもしれない。

トランプが呼び掛け、そして支持を獲得したのは、古い製造業の労働者たちだ。その対極にあるのが、シリコンバレーのハイテクIT産業だから、彼の攻撃の矛先がシリコンバレーに向かうのも自然なことだ。それが口先だけで終わればよいが、実際にシリコンバレーの存立を揺るがすような政策が導入されれば、アメリカにとってはまことに深刻な問題だ。

第6章

政府の「働き方改革」は日本の労働者のためになるか?

1 「働き方改革」を賃金カットの体のいい口実にさせるな

所定外労働は減ったが、所定外給与も落ち込んでいる

安倍晋三内閣は、「働き方改革」政策で、長時間労働を厳しく規制する方針を打ち出した。この結果、何が起こったか？「毎月勤労統計調査」によると、超過労働時間は減った。ただし、これは所定外給与を減らす結果にもなっている。他方で、本当に問題となる「過労死レベル」に近い長時間労働は減っていない。

労働時間の適正化は、生産性の向上によって実現すべきものである。「所定外労働時間」という表面的な現象だけにこだわって強制的に労働時間を減らせば、その歪みは労働者に及ぶ。

まず、労働時間や給与の推移をデータで確認しよう。「毎月勤労統計調査」によると、30人以上の事業所の一般労働者の労働時間は、図表6－1のとおりである。

所定内労働時間には、2013年以降、あまり大きな変化は見られない。それに対して、所定外労働時間は、14年以降かなり増えたが、長時間労働が社会問題化した16年以降は減少して

図表6-1　所定内労働と所定外労働の推移

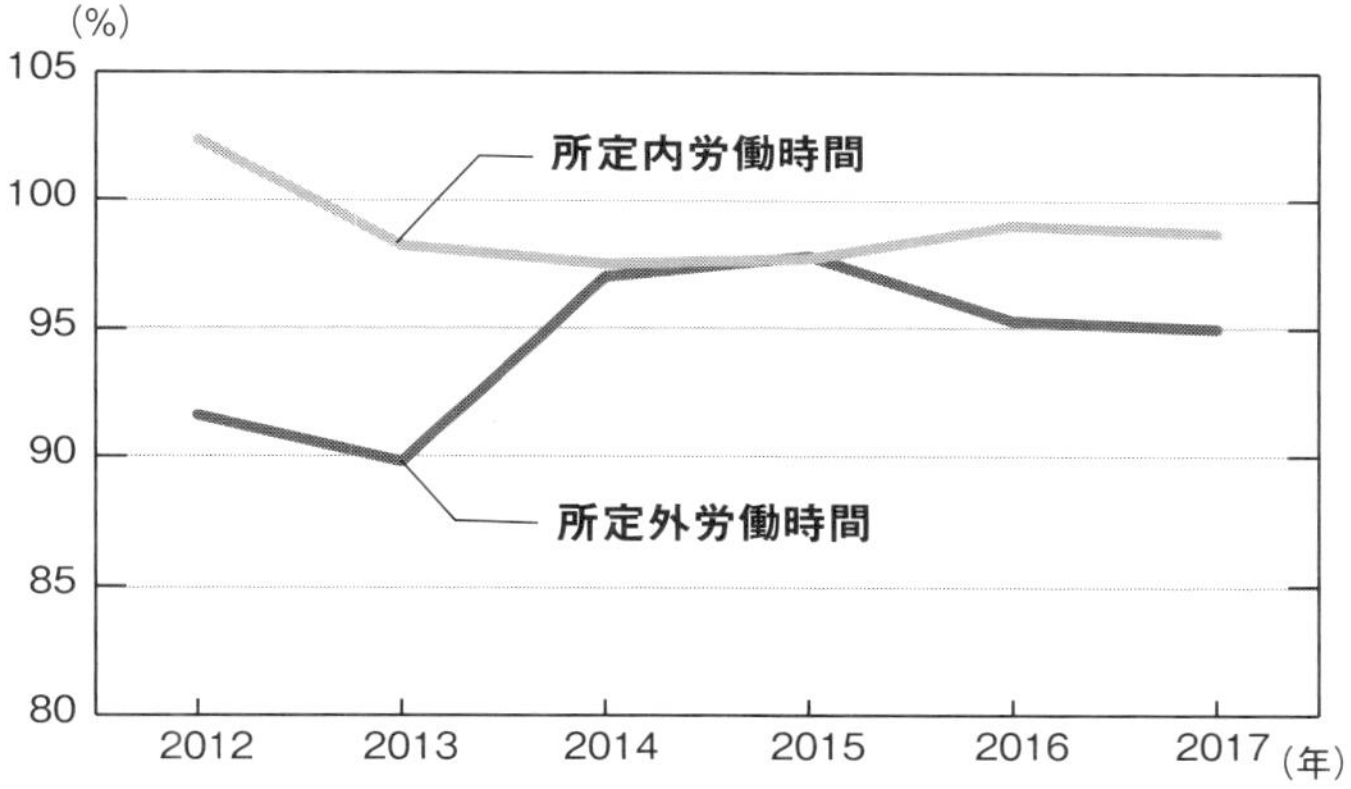

(注)調査産業計、30人以上、一般労働者、2015年平均を100とする指数、各年1月の値
(資料)毎月勤労統計調査

いる。図表6－1には示していないが、指数の年平均値で見ると、13年に96・0であったものが15年に100・0となったが、16年には98・2に減少している。

これは、長時間労働に対する社会的批判の高まりと、長時間労働を抑制しようという政府の政策に影響されて、企業が所定内労働時間は一定に保つ半面で、所定外労働を減らした結果であると解釈できる。

給与の対前年比の推移は、図表6－2に示すとおりである。所定内給与は、若干の例外時点を除くと、15年以降、17年2月まで増加を続けてきた。

しかし、所定外給与は、16年後半からかなり大きく落ち込んでいる。対前年同月比は、17年2月を除くと、16年6月以降一貫してマイナス

図表6-2　所定内給与と所定外給与の対前年比の推移

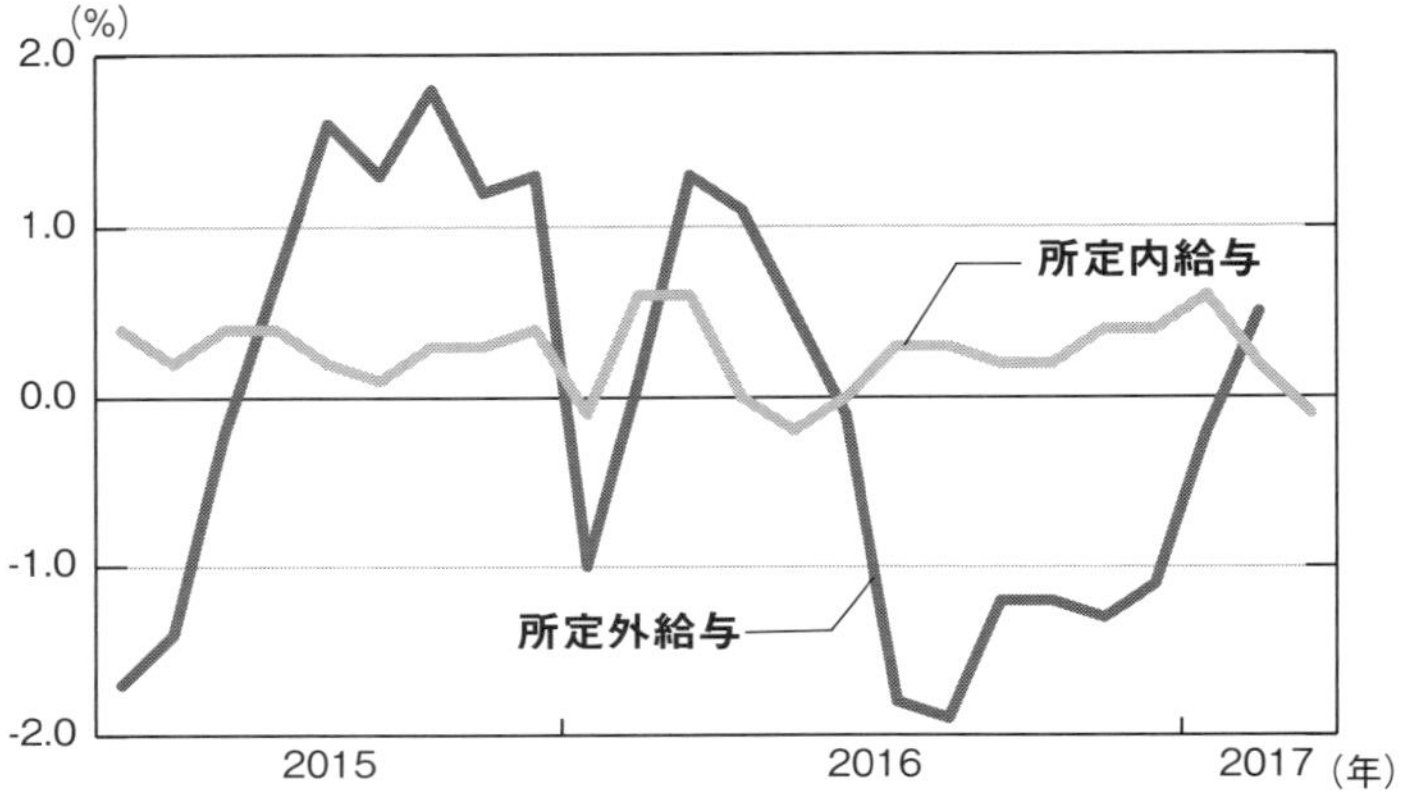

(注)調査産業計、事業所規模5人以上、給与の対前年比
(資料)毎月勤労統計調査

だ。超過勤務手当が減ったのである。

長時間労働が多いのはパートより正社員

以上で述べたことを、一般労働者（正社員）とパートタイム労働者に分けてみよう。最近の状況は、図表6－3に示すとおりだ。

月間総労働時間について、調査対象の産業全体で見ると、一般労働者は170・7時間で、パートタイム労働者85・7時間の1・99倍になる。所定外労働時間は、一般労働者の場合には、総労働時間の8・9％にあたる15・2時間だ。

これに対して、パートタイム労働者の所定外労働時間は2・6時間で、これは総労働時間の3・0％にすぎない。

したがって、長時間労働が問題になるのは、主として一般労働者であることが分かる。

図表6-3　月間総労働時間

	総実労働時間	所定内	所定外	総労働時間中の所定外勤労時間の比率(%)
一般労働者				
調査産業計	170.7	155.5	15.2	8.9
製造業	173.0	154.4	18.6	10.8
卸売業、小売業	168.3	156.6	11.7	7.0
飲食サービス業等	178.5	162.0	16.5	9.2
医療、福祉	160.0	153.1	6.9	4.3
パートタイム労働者				
調査産業計	85.7	83.1	2.6	3.0
製造業	113.5	108.6	4.9	4.3
卸売業、小売業	90.0	88.0	2.0	2.2
飲食サービス業等	76.0	73.2	2.8	3.7
医療、福祉	78.4	77.3	1.1	1.4

(資料)毎月勤労統計調査

図表には示していないが、所定外労働時間の総労働時間に対する比率がもっとも高いのは、運輸業、郵便業で15・0%である。それでも、月間所定外労働時間は28・1時間だ。これは、健康に障害が出るほどの値ではないように思われる。

平均値ではなく分布を見る必要がある

右に述べた数字を見る限り、長時間労働は、日本全体の問題としてはあまり深刻ではないような印象を受ける。

しかし、これは、統計数字を平均値だけで見ることによって生じる錯覚だ。平均で見ると大きな問題ではないが、一部の人にとっては大きな問題なのだ。したがって、労働時間の平均値だけでなく、「分布」を見る必要がある。

図表6-4　月末1週間の就業時間（2016年3月）

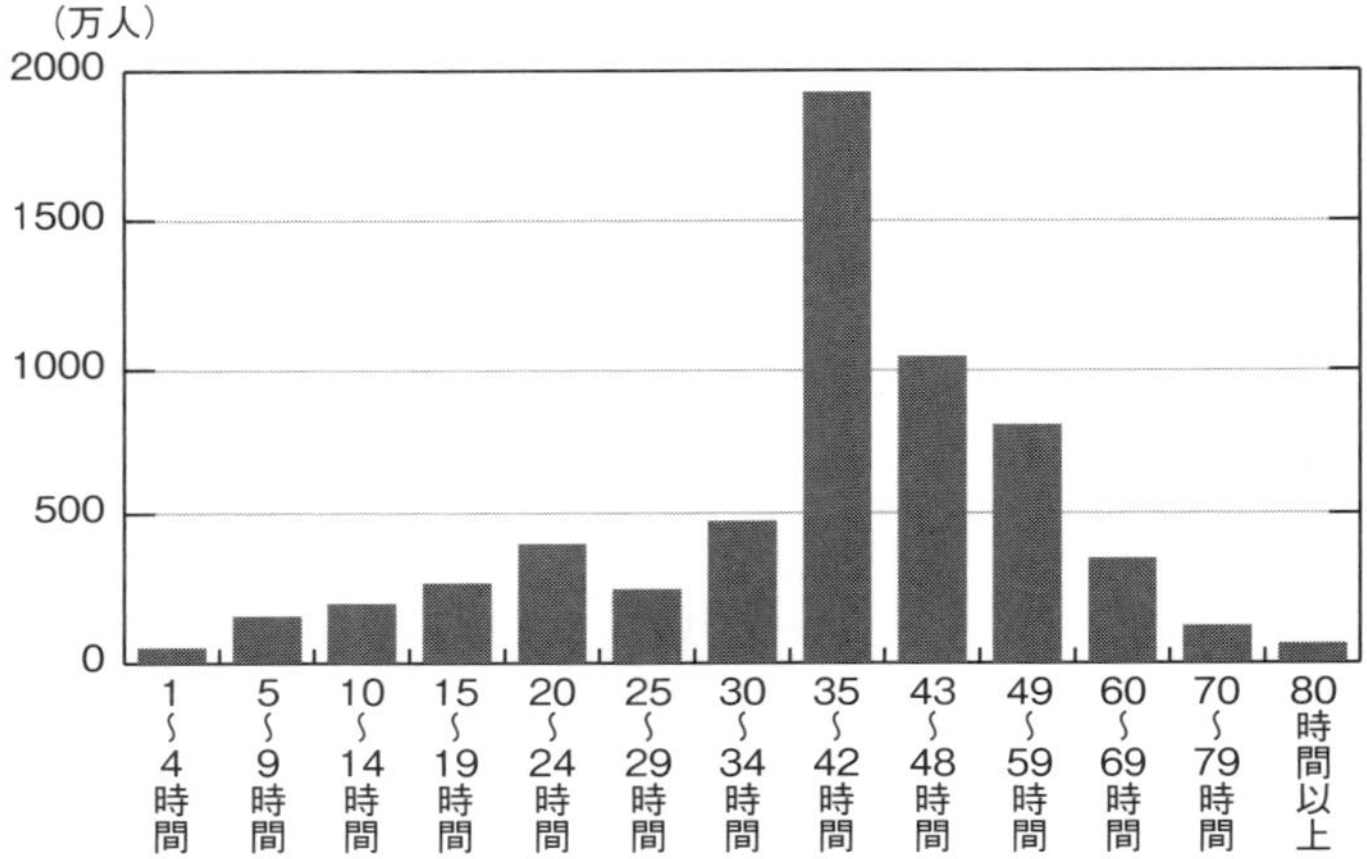

（資料）労働力調査

これは、図表６－４（２０１６年３月のデータ）と図表６－５（17年３月のデータ）に示すとおりだ。なお、前者は月末１週間の就業時間、後者は月間就業時間と、統一が取れていない。しかし、労働力調査のデータには同一形式の統計表がないので、やむをえない。

図表６－４を見ると、週35時間から59時間の間に３７８２万人いる。これは、就業者総数６３３９万人の約６割だ。また、図表６－５を見ると、就業者全体の約３分の２の人々の月間就業時間は、１２１時間から２４０時間の間である。

いずれの数字を見ても、日本人の大部分の人にとって、労働時間はそれほど長くはないことが分かる。これは、図表６－３を見ての印象と同じものだ。

図表6-5　月間就業時間別就業者数(2017年3月)

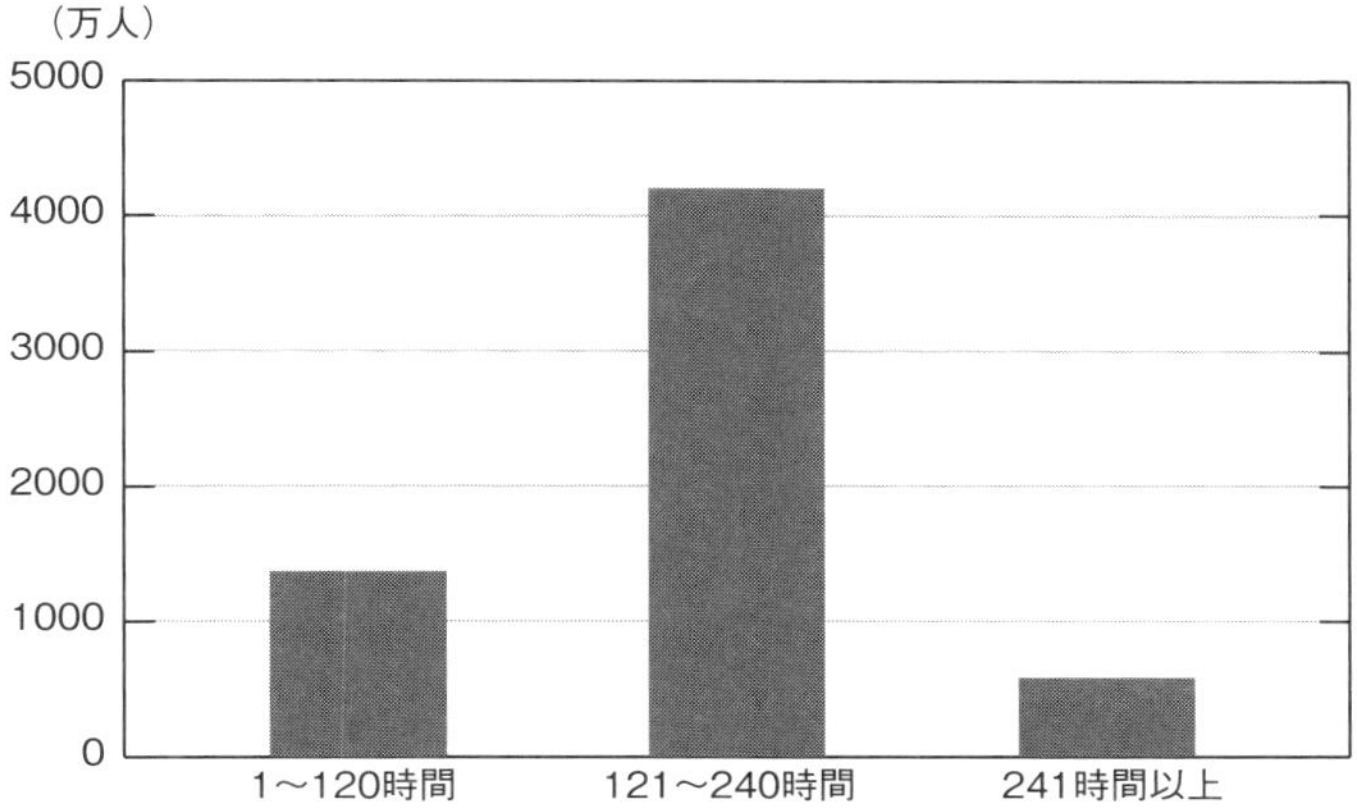

(資料)労働力調査

「過労死ライン」超が全体の1割を占めるのは大問題

しかし、図表6−4を見ると、「週60時間以上」が543万人いることが分かる。これは、就業者総数の6339万人の8・6%だ。なお、週80時間以上も67万人で、全体の約1%いる。

また、図表6−5を見ると、月間就業時間241時間以上の就業者が584万人いる。これは、就業者総数の6433万人の9・1%だ。

なお、正規の職員・従業員の場合は、図表6−6に示すように、月間就業時間が241時間以上の就業者の比率は12・0%と、就業者平均より高くなる。さらに、役員では15・6%と、もっと高くなる。

図表6-6　月間就業時間別就業者数（2017年3月）

	総数（万人）a	月間就業時間 1〜120時間（万人）	月間就業時間 121時間以上（万人）	月間就業時間 121〜240時間（万人）	月間就業時間 241時間以上（万人）b	平均月間就業時間（時間）	平均月間就業日数（日）	b/a（%）
就業者	6433	1374	4785	4201	584	167.4	20.8	9.1
自営業主	533	166	338	261	77	161.1	21.6	14.4
家族従業者	141	67	71	58	13	131.4	20.8	9.2
雇用者	5728	1137	4374	3880	494	168.9	20.7	8.6
役員	353	54	287	232	55	183.2	22.5	15.6
正規の職員・従業員	3376	112	3156	2751	405	194.7	22.1	12.0
非正規の職員・従業員	1998	972	930	896	34	122.0	18.2	1.7

（資料）労働力調査

22・7％の企業で「過労死ライン」に該当

すでに述べたように、図表6－4と図表6－5の数字を直接には比較できない。ただし、「週60時間以上」と「月241時間以上」を同一視しても、大きな間違いはないだろう。

そうだとすると、長時間労働者（図表6－4では「週60時間以上」、図表6-5では「月241時間以上」）の比率は、この1年間に、就業者総数の8・4％から9・1％に上昇したことになる。つまり、深刻なレベルの長時間労働は減っておらず、むしろ増えているのだ。

なお、2016年5月に厚生労働省が発表した報告書によれば、1カ月間の残業がもっとも長かった正社員の残業時間が「過労死ライン」の80時間を超えた企業は、調査対象の22・7％にのぼる。

現実は「体のいい賃金カット」

以上で述べたことをまとめれば、「平均的な所定外労働時間が減って所定外給与が減った半面で、深刻な長時間労働は減っていない」ということになる。

これは、長時間労働を減らせない事情があるからだろう。

強制される長時間労働が問題であることはいうまでもない。しかし、超過勤務をしても働きたいという人も、一方にはいる。超過勤務手当を得たい人もいるだろうし、組織のなかでの地位上昇を望むために、できるだけ長く働きたいと思う人もいるだろう。

また、仕事のノルマがある以上、「オフィスで仕事ができなければ、自宅に持ち帰って仕事をする」ということにもなりかねない。もしそういうことになれば、仕事量は変わらずに賃金だけが減らされることになる。これでは、「体のいい賃金カット」ということになりかねない。

労働生産性が上昇し、それによって結果的に労働時間が減るのでなければ、本当に問題となる長時間労働は減らず、労働者の所得を減らすだけの結果に終わってしまうだろう。重要なのは、労働生産性を向上させることだ。

2
「同一労働同一賃金」は正社員の給与引き下げ圧力になりかねない

非正規の比率は４割弱、女性では大半の年齢層で５割超

政府の働き方改革政策は、「同一労働同一賃金」を目標として掲げている。「同一労働同一賃金」とは、「職務内容が同一または同等の労働者に対し、同一の賃金を支払うべきだ」という考え方だ。

２０１６年12月に公表された「働き方改革」に関する政府のガイドライン案では、「基本給について、労働者の職業経験・能力に応じて支給しようとする場合、無期雇用フルタイム労働者と同一の職業経験・能力を蓄積している有期雇用労働者又はパートタイム労働者には、職業経験・能力に応じた部分につき、同一の支給をしなければならない」としている。そして、正社員と非正規社員で待遇差をつけるのが不合理か否かについて、基本給や賞与、各種手当など、対象を細かく分類したうえで、具体的な例を示している。

正規労働者と非正規労働者の給与にきわめて大きな差があるのは事実だ。ただし、これは

「正規・非正規という雇用形態の差」だけに起因するものというよりは、「仕事の内容の差」に起因するものと思われる。(注)

これだけ大きな格差を、正規・非正規という区別をなくすだけで解消するのは困難だ。強行すれば、正規労働者の給与引き下げ圧力になりかねない。

労働者の側でも、１つの企業に頼り切るのでなく、複数の企業で兼業したり、フリーランサーを目指したりするなどの対応が必要だろう。

(注) 正規・非正規雇用の現状はつぎのとおりだ。

労働力調査によると、２０１７年2月において、「役員を除く雇用者」５４０２万人のうち、「正規の職員・従業員」は３３９７万人（62・９％）、「非正規の職員・従業員」は２００５万人（37・１％）だ。

非正規の内訳はパート（９８５万人）、アルバイト（４２２万人）、労働者派遣事業所の派遣社員、契約社員、嘱託などとなっている。

年齢階層で非正規の比率が高いのは、15～24歳と65歳以上である。非正規の比率は、男性では21・３％、女性では56・１％だ。男性では35～54歳では10％未満となるが、女性では25～34歳を除くすべての年齢で50％を超える。

図表6-7 一般労働者とパートタイム労働者の月間給与

（単位:円）

	現金給与総額			
		きまって支給する給与	所定内	所定外
一般労働者				
調査産業計	359,954	334,547	307,252	27,295
製造業	351,737	335,233	296,799	38,434
卸売業、小売業	379,049	333,488	314,478	19,010
飲食サービス業等	268,620	258,297	234,960	23,337
医療、福祉	336,066	310,600	291,876	18,724
パートタイム労働者				
調査産業計	95,819	94,701	91,425	3,276
製造業	113,788	112,754	106,643	6,111
卸売業、小売業	90,872	89,922	87,692	2,230
飲食サービス業等	76,009	75,747	72,648	3,099
医療、福祉	119,334	116,026	113,899	2,127

（資料）毎月勤労統計調査（全国調査）

パートタイムの賃金が安いのは時間当たり賃金が低いから

正規と非正規の給与の実態はどうなっているだろうか？

まず賃金を見ると、図表6－7に見るように、一般労働者とパートタイム労働者の間に、大きな差がある。

「きまって支給する給与」の月額を見ると、一般労働者は33万4547円である。これは、パートタイム労働者の9万4701円の3・53倍になる（調査産業計、事業所規模5人以上、2017年3月）。

本章の1ですでに見たように、総労働時間では、一般労働者はパートタイム労働者の約2倍でしかなかったのだから、時間当たり賃金に大きな差があることが分かる。

総労働時間1時間あたりの「きまって支給する給与」を計算すると、一般労働者は1959・9円である。これは、パートタイム労働者の1105・0円の1・77倍だ。

この差は、きわめて大きなものといわざるをえない。この差を埋めようというのが、政府の目的だ。しかし、以下に述べるように、この考えには、いくつかの問題がある。

正規と非正規の賃金の差は仕事内容の差による

第1に、これだけ大きな差は、正規・非正規という雇用形態の差だけのために生じているのでなく、仕事の内容に差があるために生じていると考えざるをえない。

仮に、正規・非正規で仕事の内容は同じであるとし、「正規は長期的な雇用保障をするが、非正規はそれを保障しない」というだけの差であるとしよう。その場合には、雇用が保障されていないことを補うだけ、非正規の賃金率が高くならなければならないはずである。

実際にそうなっていないということは、正規と非正規の仕事が同じではなく、仕事の内容が異なるためであると考えざるをえない。仕事の内容の差によって、生産性にも差が生じるかもしれない。そうであれば、同じ仕事を同じ時間でやっても、成果が異なるので、賃金に差が出てくるのは当然のことだ。

本来目指すべきことは、「同一の成果に対して同一の賃金を支払う」ということであるべきだ。もともとヨーロッパで同一労働同一賃金がいわれたのは、男女間の賃金格差を是正することが主たる目的であった。仕事の内容や生産性が同じであるにもかかわらず、性別によって賃金が異なるのであれば、確かに問題である。しかし、それを正規労働者と非正規労働者に当てはめようとするのは、無理がある。

非正規労働者の増加は日本経済の長期構造変化の反映

企業は、正規労働者を増やすことができないような経済環境下にあると考えるべきだ。このことは、以下に述べることから確認される。

まず、雇用指数の時系列的な推移を見ると、図表6－8のように、一般労働者は1990年代前半には増加したものの、97年がピークで、それ以降2004年まで継続的に顕著に減少した。05年からはわずかに増加した。リーマンショックの影響はほとんど見られない。

それに対して、パートタイム労働者は、継続的に顕著に増加している。この結果、16年には、1990年の2・5倍になっている。同じ期間に一般労働者が2・1％しか増えなかったのとはきわめて対照的だ（なお、労働力調査によると、12年から16年にかけて、非正規社員は11％増えたが、正社員は0・7％の伸びにとどまっている）。

このように、非正規労働者の増加は、90年代末からの長期的傾向であり、日本経済の長期的

図表6-8　常用雇用指数の推移

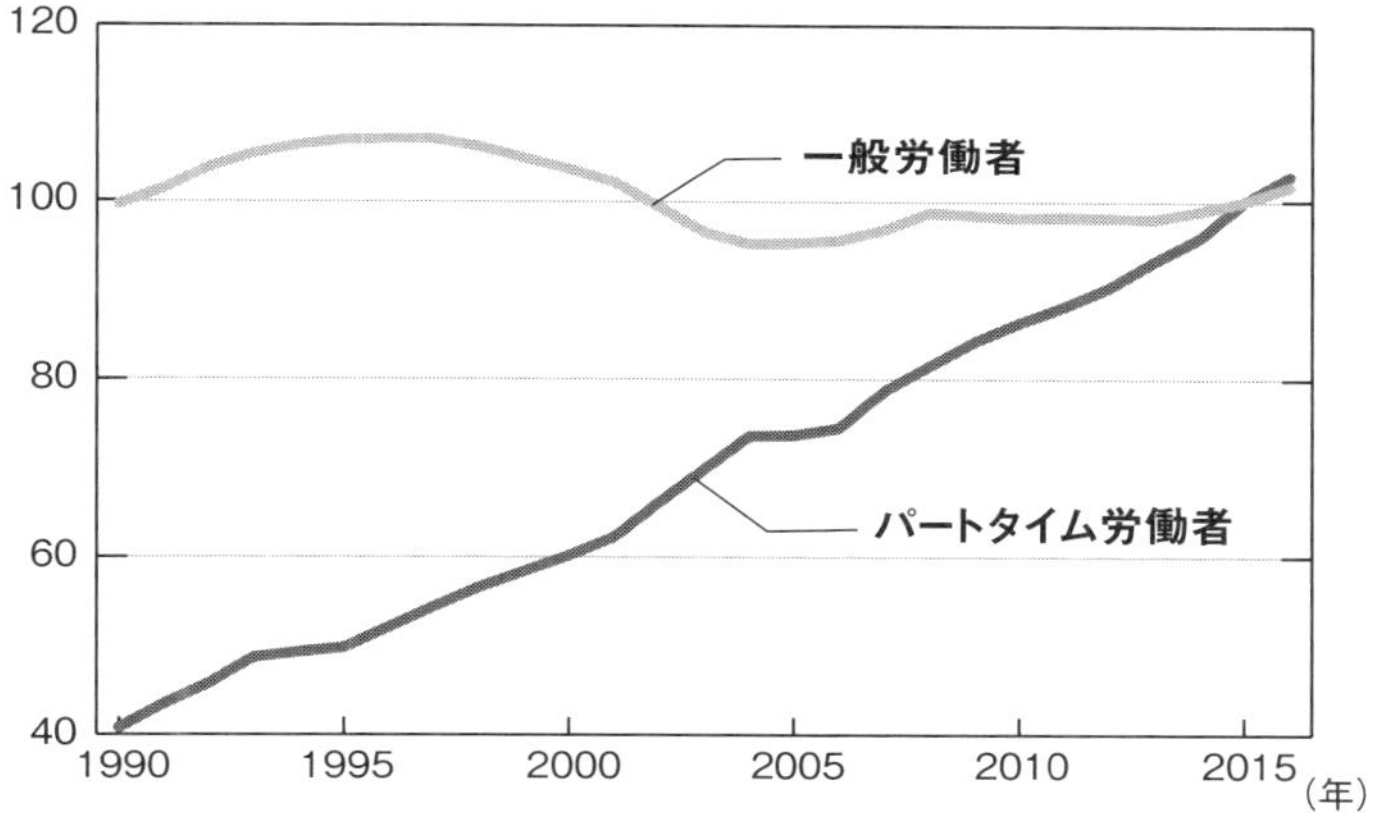

（資料）毎月勤労統計調査

構造変化の反映と見るべきだ。それは、人口構造の変化や産業構造の変化と密接に関係している。スローガンだけでなくせるようなものではない。

企業が正規という形態での雇用増加を望んでいないことは、有効求人倍率の数字にも表れている。

実際、正社員とパートタイムでは、有効求人倍率に大きな差がある。パートタイムの有効求人倍率が1を大きく上回っているのに対して、正社員の有効求人倍率は低い。第1章の5で述べたように、17年5月には1を超えたが、パートタイムの有効求人倍率とは大きな差がある。

政府の基本的な考えは、「正規という雇用が本来あるべきものであり、非正規雇用はなくすべきだ」というものだ。これは、高度成長期の日本の雇用形態を理想的なものとし、これに戻そうという考えだ。しかし、日本経済の現在の状況は、そうした考えが成立しえないものになっているのである。

表面的に「同一労働同一賃金」を求めれば、歪みを生む

以上で見たように、正規と非正規の差を「同一労働同一賃金」というスローガンだけで埋めることは到底不可能だし、強行すれば、さまざまな歪みを生むだろう。

例えば、非正規労働者の賃金を引き上げるのではなく、正規労働者の賃金水準に引き下げ圧力がかかる可能性もある。

本章の1の最後で、労働時間について本当に必要なのは生産性の向上だと述べた。それと同じことが、非正規労働者問題についてもいえる。

労働生産性が上昇すれば、非正規労働者の賃金も上がる。それなくして、表面的現象のみを捉えて強制的に賃金の同一化を求めれば、全体の賃金を下げる結果になってしまう。

労働者の側からしても、1つの企業での非正規労働者の賃金引き上げを求めるだけでなく、副業や兼業を積極的に行ない、所得全体を引き上げることで対処すべきではないだろうか？企業が非正規を求めているのであれば、労働者の側も、積極的にそれを利用すべきだ。それによって、全体の所得が上がればよい。政府の働き方改革には、そうした視点が欠落している。

3 賃金が上がらないのは非正規に依存せざるをえないから

パートタイム労働者が多い産業は給与が低い

本章の2では、正規労働者とパートタイムなどの非正規労働者の間に、きわめて大きな賃金格差があることを見た。では、賃金と、正規・非正規の割合、産業の生産性の違いは、どのような関係にあるのだろうか?

産業別に見ると、生産性が低い産業ほどパートタイム労働者の比率が高いという相関関係が見られる。しかし、因果関係としては、これから述べるように、「パートタイム労働者の比率が高いために、その産業の給与が低くなる」のではなく、「産業の生産性が低いために、パートタイムに頼らざるをえない」のだ。

この十数年を見ると、低生産性産業の成長率のほうが高かったために、経済全体としてパートタイム労働者の比率が上昇し、賃金が下落した。

産業別のパートタイム労働者比率と現金給与総額の関係は、図表6－9に示すとおりである。

図表 6-9 産業別のパートタイム労働者比率と現金給与総額

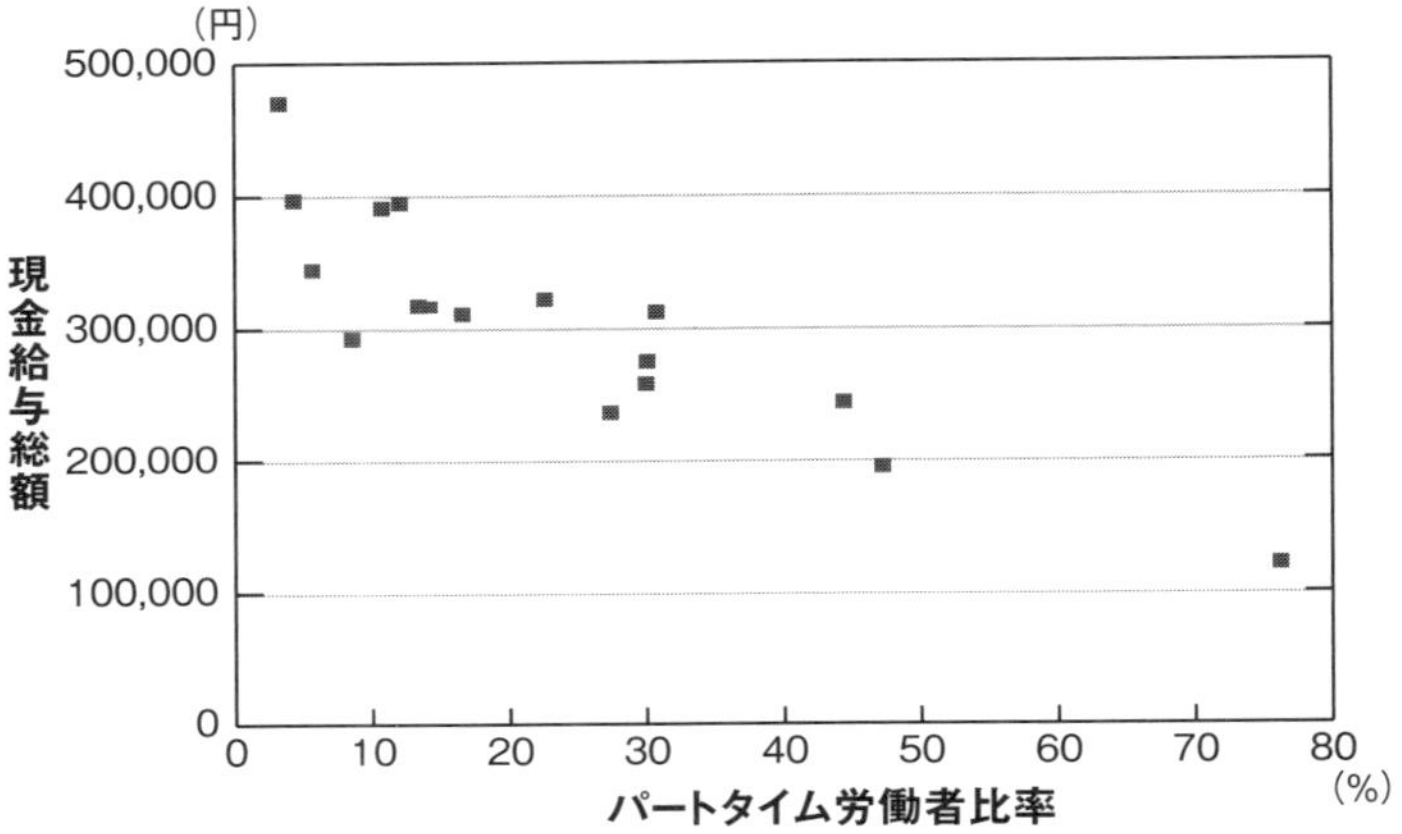

(注) 事業所規模 5 人以上、平成 29 年4月速報
(資料) 毎月勤労統計調査

これらの間には密接な相関関係があることが、直ちに見て取れる。すなわち、パートタイム労働者比率が高い産業ほど、現金給与総額が低くなっている。

パートタイム労働者比率は、平均では30・06%だが、飲食サービス（76・21%）、生活関連サービス業（47・22%）、卸売業・小売業（44・35%）などでは平均値より高い。そして、現金給与総額が平均値より低い。

それに対して、製造業（13・40%）などでは、パートタイム労働者比率が平均値より低く、現金給与総額が平均値より高い。

もっとも、以上の関係は、非正規労働者の給与水準が一般労働者のそれよりも低いことから、当然の結果である。

図表6-10　産業別のパートタイム労働者比率と一般労働者の現金給与総額

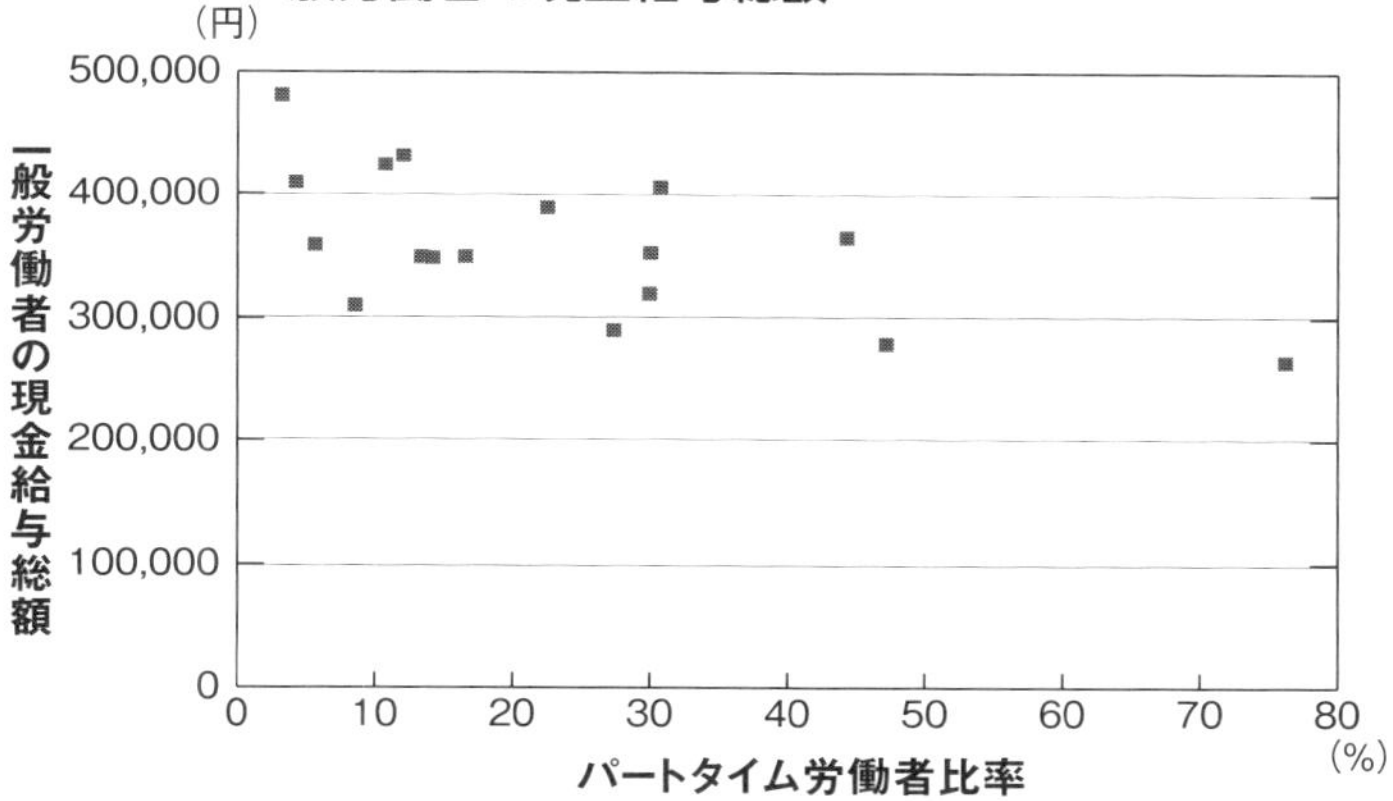

(注)事業所規模5人以上、平成29年4月速報
(資料)毎月勤労統計調査

生産性が低い産業はパートに頼らざるをえない

では、産業の生産性とパートタイム労働者比率との関係はどうなっているだろうか？

これを考えるため、パートタイム労働者を含む「労働者全体」ではなく、パートタイム労働者を除外した「一般労働者」の給与水準と、パートタイム労働者の比率を産業別に見ると、図表6－10に示すとおりである。

ここで一般労働者の給与水準を取り上げたのは、給与の水準が産業の生産性の高低を示すと考えられるからである。

図表6－9と図表6－10を比べると、後者における賃金格差は、前者の場合ほどは大きくないことが分かる。また、パートタイム労働者比率が高いほうが給与は高くなっている場合さえある（例えば、卸売業・小売業の一般労働者給

与は、製造業のそれより高い)。

しかし、全体として見れば、弱い逆相関が見られる。実際、両者の相関係数を計算すると、マイナス0・623となる。

これは、「パートタイム労働者の比率が高いために、その産業の給与が低くなる」のではなく、「産業の生産性が低いために、パートに頼らざるをえない」ことを示している。

つまり、生産性や給与水準の高低は、その産業の特性なのである。

だから、「同一労働同一賃金」を目指したところで、その産業の賃金が上昇することにはならない。産業の生産性が所与である以上、同一賃金を目指せば、一般労働者の賃金が低下することになるだろう。

もちろん、生産性が低い産業で資本装備率を高めることによって労働生産性を高めるのは、不可能ではない。しかし、それには限度があるだろう。

これまで述べたことを要約しよう。

パート労働者比率が高い産業では賃金水準が低いのだが、現実には、パート労働者比率が高い産業ほど就業者全体の伸び率が高い。したがって、全体の平均的な賃金が低下する。つまり、雇用においてパートへの依存が増えているために、給与総額が圧縮されているのである。

経済全体の賃金下落は、こうしたメカニズムによって生じている。そのため、政府が春闘で賃上げに介入しても、賃金が上昇しないのだ。

低所得産業の成長率が高いため、パートタイム労働者が増える

第1章の5で述べたように、低生産性産業の成長率のほうが高い。このため、一般労働者の増加率よりパートタイム労働者の増加率が高くなる傾向がある。

これに関して、実際のデータを見よう。

毎月勤労統計調査によって2012年から16年の間の常用雇用指数（5人以上）を見ると、パートタイム労働者が13・8%の増加、一般労働者が3・7%の増加だ。

ところで、パートの増加率は、産業別に大きな差がある。パートタイム労働者が顕著に増えているのは、主として非製造業である。12年から16年の間のパートタイム労働者の常用雇用指数（5人以上）を見ると、宿泊業・飲食サービス業で20・5%の増、医療・福祉で21・4%の増と、きわめて高い伸び率を示している。それに対して、製造業では10・4%の伸びにとどまっている。

すでに見たように、パート労働者比率が高いのは低所得産業であり、この産業の伸び率のほうが高い。このため、経済全体としても、パートタイム労働者の増加率が高くなるのだ。

図表6-11 産業別のパートタイム労働者比率と現金給与総額（いずれも対前年比）

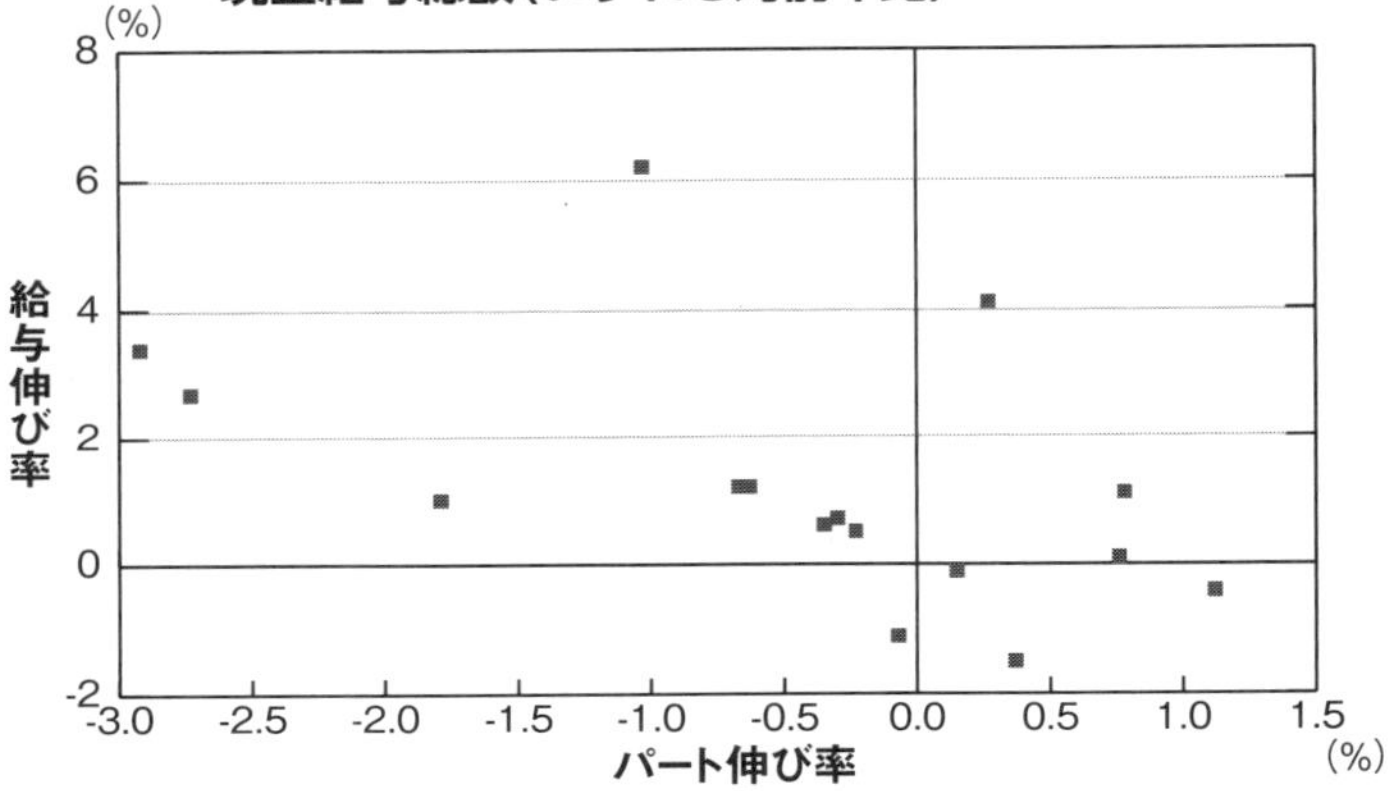

（注）事業所規模5人以上、平成29年4月速報
（資料）毎月勤労統計調査

非製造業は非正規を増やして利益を上げてきた

以上で述べたことから、「パート労働者の伸びが高い産業では、賃金の伸びが低い」ということになるはずだ。これを実際のデータで確かめておこう。

両者の関係は、図表6－11に示すとおりである。それほど明確にではないが、負の相関が見られる（相関係数はマイナス0・50。なお、この図では、電気・ガス業を除いてある）。

この図とは別に、2012年から16年の間の変化を見ると、もっと顕著に負の相関関係が見られる。名目賃金指数（一般労働者とパートの合計の現金給与総額、事業所規模5人以上）の増加率を見ると、製造業では2・0％であるのに対して、宿泊業・飲食サービス業ではマイナス0・1％と、わずかではあるが減少しているのだ。

なお、人件費と利益の関係は、拙著『英EU離脱！　日本は円高に対処できるか』（ダイヤモンド社、2016年、第4章）で述べた。そこで述べたように、輸出産業（その大部分は製造業の大企業）は、円安によって利益を増大させた。そして、非製造業の企業は、非正規を増やして人件費総額を圧縮することによって利益を増やした。

4 限定正社員は「全員非正規化」につながりかねない

長期安定的な雇用はもはや再現できない

政府の「働き方改革」は、長期間の安定的な雇用が約束されるという条件の下で、長時間労働に陥らず、高い給与を得られることを目的としているように見える。

これは、高度成長期の雇用形態であった正社員の長期雇用を中心にした「日本型雇用システム」を理想とし、その復活を目的とするものだ。安倍晋三首相も、「日本から非正規という言葉をなくしたい」と再三、言明している。

そうした雇用環境をつくりだせれば、確かに望ましいだろう。ただし問題は、現実の世界では、そのような雇用形態を維持するのが困難になっていることだ。

その背景には、グローバル化による新興国の台頭など、世界経済の変化と、そのなかでの日本経済の地位の変化がある。また、人口の年齢構成の変化も、「日本型雇用システム」の維持を困難にしている。

こうした条件変化に正面から対応することなく、形式的に正規・非正規の差をなくそうとすれば、以下に述べるように、「全員非正規化」という事態がもたらされることもありうる。

「限定正社員」は「全員非正規化」に進む危険

本章の2で述べたように、日本の企業は、正規雇用でなく、非正規雇用を求めている。最近では正規社員の採用が増えているが、それは新卒者が中心だ。若い人材は確保したいが、給与が高くなった中高年は切りたいというのが、企業の本音だろう。

また、「正社員の存在が雇用の柔軟性を奪っている」という議論もしばしばなされている。そして、「限定正社員」という仕組みが提案された。これは、日本経済再生本部の下に置かれた産業競争力会議（2013～16年存続）が提案したものだ。

「限定正社員」とは、勤務地や職種、労働時間などをあらかじめ限定した雇用形態で、正社員と非正規労働者の間の中間的なものだ。「多様な正社員」とか「ジョブ型正社員」と呼ばれることもある。

「限定正社員」はその後、増えている。政府も積極的に導入を推進し、厚生労働省が2011年に実施した調査では、51・9％の企業が限定正社員を導入している。

確かに、一般論として考えれば、日本の製造業がファブレス（工場を持たない製造業）や水平分業を実現できないのは、これまでの方式のほうが効率的であるからではなく、従業員を整理できず、工場を閉鎖することができないからなのであろう。「正社員が産業構造の変革を阻害している」との指摘は、一概には否定できない。だから、正社員について、これまでより柔軟な働き方を導入するのは十分に意味がある。

しかし、「限定正社員」は、勤務地や職種、労働時間などが限定されるために、正社員より解雇されやすいことにも注意が必要だ。その意味で、これは「正社員の非正規化」と解釈できなくもない。

正規と非正規での格差をなくそうという「同一労働同一賃金」も「限定正社員」も、両刃の剣なのである。「全員正社員化」ではなく、逆に「全員非正規労働化」を可能にするものでもある。

「正社員は保護されすぎ」ではない

限定正社員が必要とされる理由として、「日本の正社員は保護されすぎている」といわれ、その根拠としてOECDのデータが用いられた。しかし、OECDのデータは、注意深く見る必要がある。

OECDが作成している「Strictness of employment protection（雇用保護の強さ）」という

図表6-12 OECDの雇用保護指標(一般労働者)

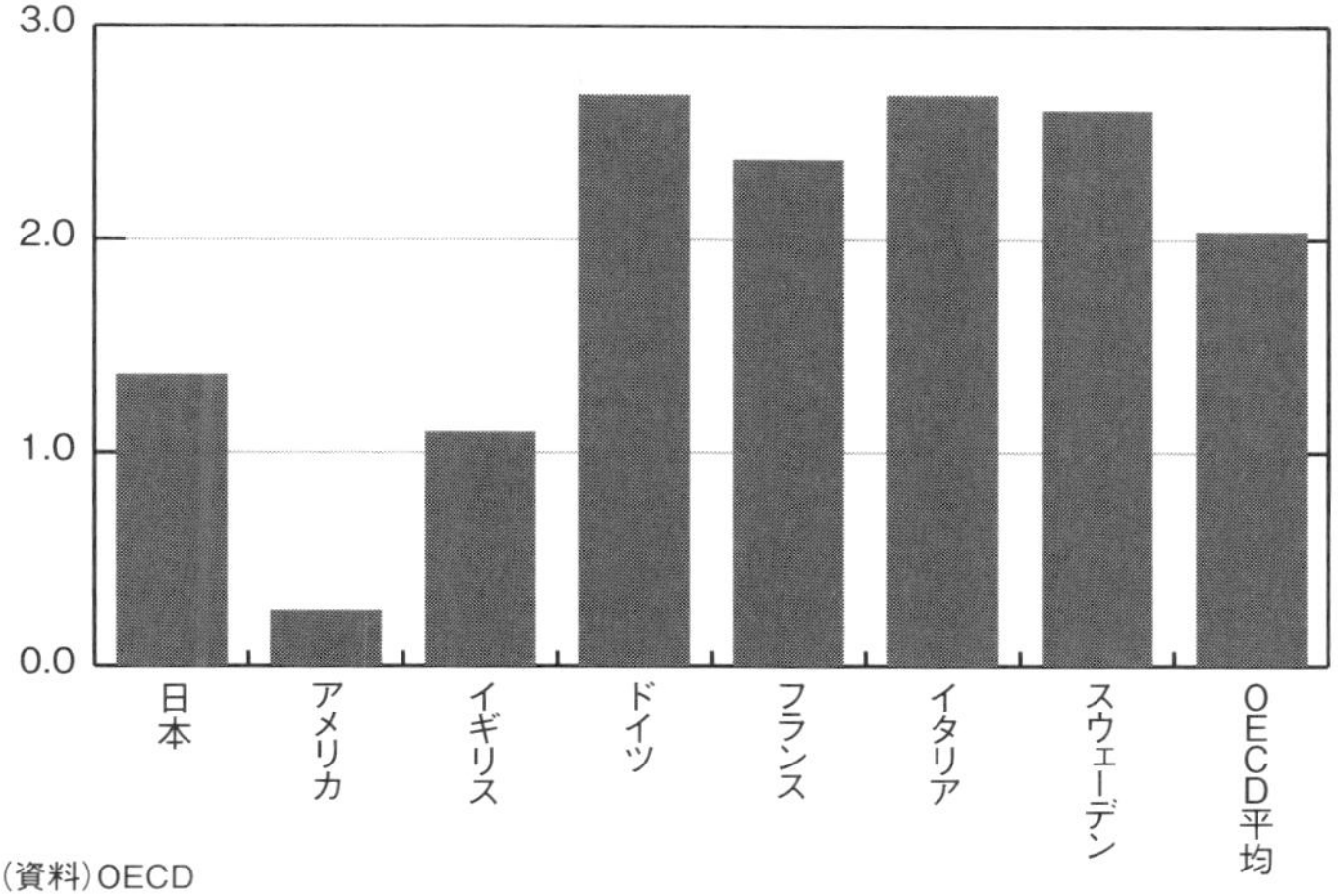

(資料)OECD

指標(図表6－12)を見ると、2013年において、日本は1・37だ。これは、アメリカの0・26、イギリスの1・10よりは高いものの、OECD平均の2・04よりはかなり低い(数値が低いほど保護の程度が低い。つまり解雇しやすい)。

この指標は、多くのヨーロッパ大陸諸国で2を超えている。例えば、ドイツは2・68、フランスは2・38、イタリアは2・68、スウェーデンは2・61などだ。

したがって、「日本の正社員が過剰に保護されており、そのために水平分業の導入や産業構造の改革ができない」という議論は受け入れがたい。

労働市場流動化が大事なのは、中途採用を増やせるから

重要なのは、労働者を辞めさせるよりも、必要に応じて中途採用を増やすことだ。

では、正社員はどの程度、流動化しているのか？　印象では金融業などで正社員の流動化がかなり進んでいるように思えるのだが、統計ではそれは確かめられない。

厚生労働省の雇用動向調査における「入職率」（年初の常用労働者数に対する入職者数の割合）や「離職率」（年初の常用労働者数に対する離職者数の割合）が高いほど流動化が進んでいると考えられるが、２０１５年において、全企業での入職率が16・３％、離職率が15・0％だ。05年には入職率17・５％、離職率17・４％だったので、それより低下している。また、１９８０年代後半から90年代にかけても、入職率は16％を超えていた。だから、長期的に見ても、流動化が進んでいるとは認められない。

日本は参入障壁が高く、起業率が低い

もちろん、中途採用を増やすには、企業が成長しなければならない。社員総数が固定的なら、中途採用を増やすために正社員を辞めさせる必要が生じてしまう。

だから、重要なのは、新しい経済活動を成長させることだ。しかし、現実には、さまざまな産業において強い参入規制がある。このため、新しい技術が登場して就業を増やす可能性が生

|図表6-13|各国の総合起業活動指数

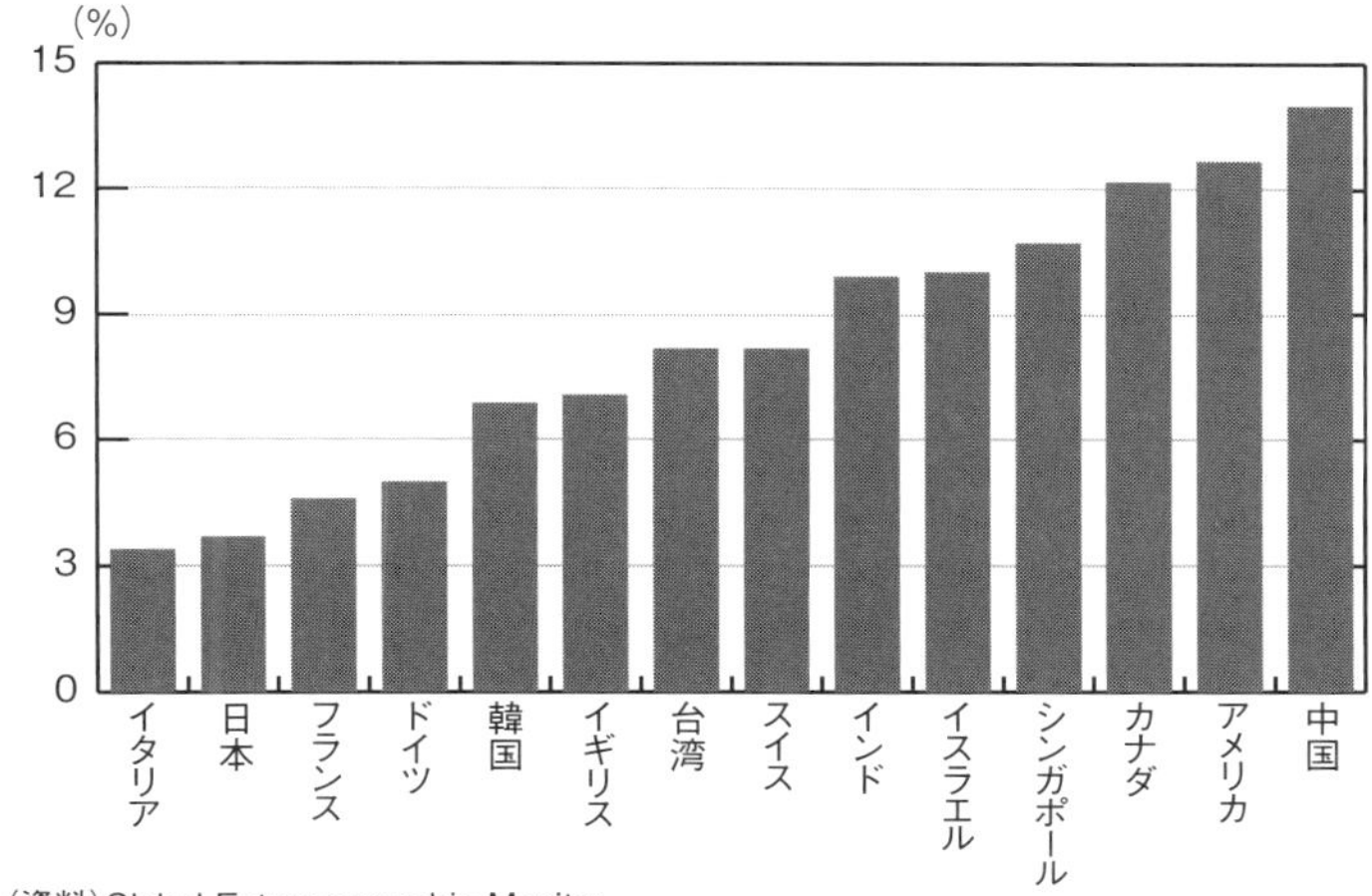

（資料）Global Entrepreneurship Monitor

じているにもかかわらず、それが実現しない。

その典型がシェアリングエコノミーだ。Uber や Airbnb のような新しいサービスの登場によって、フリーランサーとしての働き方が可能になっている（第2章参照）。つまり、1つの組織に忠誠を捧げて働くというスタイルにこだわる必要がなくなってきている。それにもかかわらず、それがもたらす潜在力が発揮できていない。

また、日本では起業率が低い。「起業家精神に関する調査（Global Entrepreneurship Monitor）」は、起業活動が国家経済に及ぼす影響について、各国のデータを用いて実証研究を行なっている。そこでは、国の起業活動の活発さを表す指標として「総合起業活動指数（Total Early-Stage Entrepreneurial Activity：TEA）」

という尺度が用いられている。これは、「何らかの新しいビジネスを始めようとしていますか」などの質問に基づき作成されたものだ。

２０１２年の結果は、図表6－13に示すとおりだ。日本は3・7％だ。これは、アメリカ12・7％、中国14・0％と比べると、かなり低い（なお、ドイツ、フランスも低い）。

日本では、金融業の参入障壁が著しく高いので、スタートアップ企業がＩＴを駆使した革新的な金融サービスなどのフィンテックの技術を開発しても、それを用いて事業を興すことは容易でない。中国でフィンテック関連のスタートアップ企業の成長が目覚ましいのは、伝統的な金融業が未発達で、既成勢力の力がそれほど強くないからだろう。

このように、新しい働き方を実現するには、規制を緩和して新しい産業を成長させることが必要だ。雇用政策とは産業政策であり、産業政策とは規制緩和であると考えざるをえない。

新しい労働体系の導入で生産性を高める

労働力の流動化を進め、全体としての雇用を増やすために重要なもう1つの要素は、高度専門サービスだ。

従来、こうしたサービスは社内で供給されてきた。しかしＩＴの発展に伴って、市場を通じて供給されることが増えてきた。

ロナルド・コースは、「経済活動のかなりのものが市場を通じて取引されるのではなく企業の内部で行なわれるのは、調整費用が存在するためである」と論じた。このため、企業はさまざまな活動を内部に取り込み、巨大化することによって効率化を進めてきたのである（第1章の2参照）。しかし、その基本的な条件が、いま変わろうとしている。

必要とされるのは、新しい分野の専門的サービスだから、これまでの社内の人材では対応できない場合も多い。他方で、クラウドソーシングの仲介サービスが発展して、必要とされる専門的サービスに対する需要と供給をマッチさせることが容易になっている（第2章の2）。

このような条件変化に対応して、企業は新しい労働体系を導入する。それに成功して生産性を高めた企業が競争に勝ち抜き、成長していくことになるだろう。

規制で保護されるから、非効率的な企業が残る

政府が進める構造改革政策のキーワードが、「働き方改革」から「労働生産性の向上」にシフトしてきた。

生産性を向上せずに表面的な働き方だけを変えても、結局は、歪みがどこかに移るだけの結果に終わってしまう。生産性向上が意識されてきたのは、正しい方向へのシフトだ。

ただ、問題はそのために何をするかである。一般には、個別企業の内部における効率化が考

えられている。確かにこれは必要なことだ。しかし、その効果には限度がある。それに、企業内部の効率化であれば、政府に指示されなくても、企業はこれまで自ら行なってきた。それを怠った企業は、競争によって淘汰されているはずだ。

非効率な企業が残っているとすれば、規制によって温存されているからだ。日本のサービス業には、そうした分野が多い。例えば、旅館業やタクシー業だ。本来は競争によって淘汰されてしまっているはずの企業が、規制のために残っている可能性は否定できない。しかも、国際競争にもさらされていないため、効率化が進まない。

規制産業においては、一見して収益性があるように見えても、実際にはそうでない場合もある。その一例として、つぎの事実がある。2016年の訪日外国人客数は前年比21・8%増だったが、観光庁調べによる16年の外国人延べ宿泊者数は8・5%増でしかなかった。旅行者が増えたにもかかわらず、それに見合って宿泊が増えていないのだ。

その理由として、クルーズ船の利用などが挙げられているが、実際には、夜行バス、キャンピングカー、空港ターミナルなどを利用する人が多いためだといわれている。彼らの評価では、日本のホテルは狭くて高い。

つまり、日本のホテルは、一見して収益性があるようでも、規制によって価格が高くなっているためにそうなっているので、実際の生産性は低いのだ。この例からわかるように、規制産業における生産性の評価には注意が必要である。生産性向上のための第一歩は、既得権益を見直す方向での規制緩和や撤廃だ。

なお、政府は、生産性向上に取り組んだ企業に対して補助金を支出することを検討しているようだ。しかし、補助金目当てで無駄な投資がなされるようなことがあれば、まったく逆効果だといわざるをえない。

5 「働かされ改革」でなく「働き方改革」を求めよ

何度も呼称を変えてきた「残業代ゼロ制度」

労働基準法の改正案が問題となっている。改正案は、政府が「働き方改革」の1つの柱として2015年4月に国会に提出したものだ。しかし、連合や野党が「残業代ゼロ法案」「長時間労働を助長する」などとして強く反対していたため、これまで一度も審議されていない。

新しい制度は、15年頃に「脱時間給制度」とか、働いた時間に関係なく仕事の成果で給料が決まる「成果主義賃金制度」(ホワイトカラー・エグゼンプション、労働時間規制の適用除外)と呼ばれていたものの延長線上にある(ホワイトカラー・エグゼンプションは、05年頃にも議論された)。ところが「残業代ゼロ制度」と呼ばれるようになったため、「高度プロフェッショナル制度の創設と裁量労働制の拡大を含む労働基準法改正案」という名称に変わった。

改正案の主たる内容は、「年収が1075万円以上で特定の職種の人を対象として、割増賃金(残業代、休日労働、深夜労働等)をゼロにする」ことだ。対象となるのは、職務の範囲が明確で、高度の専門的知識を必要とする業務だ。労働政策審議会労働条件分科会の報告書骨子案で例示されたのは、①金融商品の開発業務、②金融商品のディーリング業務、③アナリストの業務（企業・市場等の高度な分析業務）、④コンサルタントの業務（事業・業務の企画運営に関する高度な考案又は助言の業務）、⑤研究開発業務だ。

脱時間給制度を導入するには、本人の同意が必要とされる。また、働きすぎを防ぐために、①年104日以上の休日取得、②1カ月間の在社時間についての上限、③就業から翌日の始業までに一定時間の休息、のいずれかを労使間で合意することとする。

労働側が反対するのは、この制度の目的は残業代の合法的なカットだと考えているからだ。例えば、為替ディーラーの労働時間は、時差のために、深夜や休日などになる。そのため、企業は割増賃金を支払わなくてはならない。しかし、今回の改正がなされれば、残業代を払わなくてすむ。また、労働者の同意を要件としているが、労使の力の差を考えれば、事実上強制になるなどの問題も指摘している。

時間給から成果給への移行は掛け声だけに終わっている

今回の改定が企業にとって都合がよい面があることは明らかだ。残業代なしで働かせることができるからだ。

では、労働者にとってのメリットは何であろうか？　それは、労働時間に応じて賃金が決まる「時間給」ではなく、成果に対して賃金が決まる「脱時間給」、または「成果主義賃金制度」が可能になることだと説明されてきた。

確かに、脱時間給には望ましい面がある。工場労働者の場合には、長く働けばそれだけ多くの製品が生産されるから、「時間給」が合理的だ。

しかし、専門的な業務については事情が違う。同じ成果を出すのに、短時間ですむ効率的な労働者と長時間かかる非効率的な労働者がいた場合、時間給では、非効率的な労働者のほうが賃金が多くなってしまう。この場合、「成果主義賃金制度」を導入し、成果が同じであれば、非効率な労働者が残業などをしても、それに対して残業代を支払わないようにすべきだろう。

あるいは、(同じことだが) 一定の労働時間だけ働いて価値の高い成果を上げられる効率的な労働者と、価値の低い成果しか上げられない非効率的な労働者がいた場合、時間給ではどちらも同じ賃金になってしまう。この場合、組織の効率性を引き上げる観点からも、また公正さの観点からも、効率的な労働者の賃金を高くする「成果主義賃金制度」を導入する必要があるだろう。

以上については、広範な同意が得られると思う。しかし、そのことと、今回提案されている「高度プロフェッショナル制度」を是とするかどうかは、別の問題である。その理由はつぎのとおりだ。

第1に、現在でも、成果主義賃金は広く採用されている。例えば、タクシーの運転手は歩合制が採られている。

第2に、今回の労基法改正が成立しても、成果主義賃金を取り入れないことは可能だ。

第3に、成果主義賃金のためには、成果をどのように測定し、その結果をどう賃金に反映させるかの方法が明確に示されていなければならない。公平で明確な評価の制度が示されていなければ、成果を上げたとしても、それが報われる保障はない。そうした制度の確立は、容易でない課題だ。ところが、それをどう確立すべきかについて、何も規定されていない。

「残業代ゼロ」は、成果給を導入した場合の結果の1つにすぎない。残業代をゼロにしても、それだけで成果給を実現することにはならないのである。

つまり、今回の労基法改正において、「時間給から成果給への移行」は、掛け声だけに終わっている。

市場で評価されてこそ正しい評価になる

より根源的な問題として、高度専門家の働き方の問題を、組織のなかでの働き方の問題として対処できるのかどうかについて疑問がある。なぜなら、組織に雇用されるという形態では、成果の測定と賃金への反映に限度があるからだ。

成果給は、日本でもすでに導入されている。しかし、成果の測定法や賃金への反映法に労働者が不満を持ったとしても、労働者は受け入れざるをえない。つまり、労働者は、「働かされ方」を押しつけられることになる。「働き方」を主体的に選ぶことはできないのである。

つまり、いま議論されているのは、本当の意味での「働き方改革」ではなく、「働かせ方改革」、または「働かされ改革」だ。その基本にあるのは、「労働者は組織に雇用されることによってしか働くことができない」との認識だ。

労働の成果は、マーケットで価格付けされることによって、はじめて客観的に評価される。ところで、高度プロフェッショナル制度の対象として例示されている職種は、必ずしも組織のなかで行なう必要はなく、組織から切り離すことができるものだ。だから、切り離すほうがよい。そして、業務委託契約あるいはアウトソーシングの形に切り替える。そうすれば、労働の成果は、マーケットで価格付けされる。

この場合、労働者は1つの組織に縛られることがなくなる。そして、「どう働くか」を主体性を持って選択できることになる。アメリカで「ホワイトカラー・エグゼンプション」が機能している背景には、もともと成果給が広く普及していることに加え、アウトソーシングや専門職の労働市場の存在によって、専門職の仕事の価値がマーケットで価格付けされていることがある。この点を忘れてはならない。

日本でも、労働人口が減少するため、労働市場は「売り手市場」になっていく。他方で、シェアリングエコノミーなど、技術進歩による新しい所得稼得機会が増える。労働者の選択肢は、基本的には増加する方向にあるのだ。だから、受動的な「働かされ改革」を積極的な「働き方改革」に転換することが必要だ。

こうした方向に向かって必要とされるのは、労働市場の流動化であり、組織を離れても社会保険の保護が与えられるような仕組みだ。

6

「働き方改革」は規制一辺倒より市場に任せたほうがよい

「働き方改革」には経済原理を利用する必要がある

「働き方改革」を実効性のあるものにするには、形式的な規制を強化するだけでは不十分だ。超過勤務に対する割増率引き上げによって長時間労働を抑制するなどの「価格によるコントロール」や、アウトソーシングの活用による「市場に任せた問題解決」などの手法を導入すべきだ。

労働問題に対処する手段として、これまで規制が中心に置かれてきた。雇用契約を労使間交渉だけに任せれば、力関係では使用者が圧倒的に強いので、労働者に不利な契約が結ばれる危険がある。そのため、公的な主体が介入して、労働者の権利を守る必要がある、という考えに基づいていた。

使用者と労働者の間に力の差があることは、事実である。したがって、基本的な事項についてまったく自由な契約に任せるのではなく、一定の規制が必要なことは間違いない。

しかし、単に規制が強ければよいというものではない。問題は、規制をどこまで広げ、他方でマーケットの役割をどう考えるかだ。ここで重要なのは、経済原理を利用することだ。

ここで、「経済原理を利用する」とは、経営者と労働者の合理的な経済計算に任せることだ。あるいは、市場メカニズムを活用することである。とりわけ、価格による調整機能を活用することだ。また、従来は組織内で行なわれてきた仕事をマーケットに出すことである。

超過労働抑制や「同一労働同一賃金」規制では、実効性の確保が難しい

仮に規制が完全になされても、それが実施されるとは限らない。あるいは、実施のために大変な労力がかかる場合もある。

また、形式的に実行できても、実態がそれと異なるという問題もある。例えば、労働時間の規制について、申告された労働時間と実際の労働時間が大きく食い違うことは、しばしば見られる。この場合、公式の労働時間のデータをチェックしても、長時間労働の実態を把握することはできないだろう。

規制の実行のためにコストがかかる場合もある。例えば、「同一労働同一賃金」といわれるが、「同一労働であるか否か」を判断するのは、簡単ではない。政府はこの判断のためにガイドラインを提供しているが、実際の事例をこれに当てはめた場合に、簡単に判断できるかどう

かは分からない。実際には、判定がつかない場合も多いのではないだろうか。少なくとも、この規制の実行のために、多くの労力を費やさなければならなくなることは間違いない。

「規制で対処する」という考えに固執するのではなく、市場メカニズムの利用を考えるべき場合も多い。

超過勤務に対する割増率は適正なものか？

まず考えられるのは、量を規制するのでなく、価格でコントロールすることだ。例えば、労働時間については、残業時間を一律に規制している。しかし、人によっては、所得を増やすために、あるいは将来の地位を獲得するために、残業を増やしたいと考える人もいる。

問題は残業に対して適切な報酬が支払われているかどうかだ。実際に過剰労働が行なわれるかなり大きな理由は、超過勤務手当が支払われないサービス残業が多いからだ。

また、現在の規定で決められている割増率が適切なものかどうかを検討する必要もある。例えば、「時間外労働で60時間を超えるものは5割以上でなく、2倍以上とすべきではないか？」また「残業時間が増えるほど、残業手当を累進的に増やす必要はないか？」等々だ。

こうして、残業を「量」で規制するのではなく、「価格」を調整することによって、量に関しての目的を達成するのだ。「割増率」という価格が高くなれば、使用者としては、超過勤務をさせると人件費が増えるので、慎重になる。労働者としては、報酬が増えるので満足度が増す。割増率をもとに、経営者と労働者の合理的な経済計算に任せることで、おのずと適正な残業時間に落ち着くだろう。

「割増率を高めるべきだ」という議論が行なわれないのは不思議なことである。「過剰労働問題は、金で解決する問題ではない」と考えられているためだろう。

しかし、対価を得て労働を供給するのは、もともと経済行為なのであるから、重要なのは、公正な経済原則が貫かれるかどうかだ。そのなかでも重要なのは、労働の対価が正当なものかどうかということなのである。

会社の外でできる労働はアウトソーシングを活用

「経済原理を利用する」という立場からは、「働くのは必ず企業のなかで」という考えを改める必要がある。

第1章の5で述べたように、テレワーキングやフレックスタイムが導入できるような職場環境であるのなら、仕事を切り分けることができるはずだ。それなら、いっそのこと、その仕事をアウトソースするほうがよい。無理に組織のなかで行なう必要はない。同じことを、高度プロフェッショナルの仕事について、本章の5で指摘した。

「オフィスの残業時間を規制しても、自宅に持ち帰って仕事をするだろう」と「はじめに」で述べた。仮にこの仕事がアウトソースされているとすれば、内容に応じて適切な価格づけがされるだろう。だから、労働時間に対して適切な報酬が支払われていることになるわけだ。つまり、市場に任せることによって問題が解決できるわけである。

これは、正規・非正規の差をなくすとか、労働時間を規制するというような働き方改革では達成できない課題である。日本企業（とくに大企業）の問題は、多くの仕事を正社員が行なっていて、それを外にアウトソースしないことによって発生しているのである。

銀行法の規制緩和は逆方向に進んでいる

「経済原理を利用する」ためになすべきことは2つある。

第1は、規制の緩和だ。「アウトソースすることによって問題を市場に任せられる」と述べた。しかし、どんな場合でもアウトソーシングが自由に行なえるわけではない。とくに、金融業の場合には、アウトソーシングに対してかなり詳細な規制がある。

これに関して、最近行なわれた銀行法の改正を見よう。２０１6年5月に銀行法等改正法（情報通信技術の進展等の環境変化に対応するための銀行法等の一部を改正する法律）が成立し、銀行等による金融関連ＩＴ企業等への出資要件が緩和された。これまでの銀行法では、銀行は5％、銀行持ち株会社は15％までの出資規制があったが、この規制が緩和されたのだ。

ただし、この改正が経済原理の利用を促進するようなものなのかどうかは疑問である。

この改正によって、銀行は手っ取り早くフィンテックを取り入れることができるようになった。そのため、技術力のあるフィンテック企業を利用するのでなく、それらを買収して、自社内に取り込んでしまうだろう。これは、「アウトソーシングによって問題を市場に任せる」のとは逆方向の動きだ。

銀行法は、17年5月にも改正された。これによって、家計簿アプリやクラウド会計ソフトの会社など、金融機関と顧客の間で口座管理や電子送金を仲介する業者を登録制とすることとされた。他方で、銀行や信用金庫には、顧客向けに提供している残高照会、取引明細照会、振替、振込などのサービスを、「オープンＡＰＩ」（アプリケーション・プログラミング・インターフェース）として公開する義務が課されることとなった。

この改革のうち、ＡＰＩ公開義務は評価できる。しかし、ＩＴ関連業者の登録制は過剰規制ではないだろうか？　届け出制ならまだしも、登録ということになれば、自由な参入が規制されることになる。

労働者の再訓練が必要

経済原理を利用するためになすべき第2は、労働力の流動化を高めるために、労働者の再訓練を行なうことだ。高度専門家の場合には、大学院レベルの再教育が必要だ。

これによって、大学卒業時に一生のキャリアの大筋が決まってしまうという日本社会の硬直性を変えることが可能になる。

アメリカの場合、大学院レベルのプロフェッショナルスクールが多数あり、しかも、そこでの教育成果を企業が評価する。世界の大学ランキングでも、上位のほとんどはアメリカの教育機関によって占められている。

ところが、日本ではプロフェッショナルスクールの教育水準が低い。また、企業も教育成果を評価しない。だから、悪循環に陥っている。

日本で「人材の育成」といわれる場合、初等教育が対象とされることが多い。もちろん、それは重要なのだが、生産性の向上や働き方の改革という観点からすれば、大学院レベルの教育こそが重要だ。

おわりに　日本の企業人の意識は変わったか？

人脈はかつて重要な個人資産だった

20年ほど前に、ワシントンから帰国したばかりの新聞記者から聞いた話だが、ワシントン駐在記者の重要な仕事は、アメリカ政府の担当者に取材してニュースを集めることではなく、アメリカ政府内に自分自身の人脈を築くことなのだそうだ。

アメリカのニュースはアメリカの新聞やテレビで報道されるから、自分で取材する必要はなく、報道された記事を要約して翻訳すればよい。それより重要なのは、日本からの来客（そのなかには政治家も多いだろう）の求めに応じて、アメリカ政権内の適切な人にアポイントを取れることだ。そのためには、人脈をつくり、維持することが必要だというのである。

これは20年以上も前のことだから、いまではだいぶ変わっているだろう。とくに、「ニュースを取材する必要はない」という点は、まったく変わっているだろう（そうでないと困る）。しかし、人脈が重要だという点は、変わっていないのではないだろうか？

同じことが、さまざまなビジネスについていえる。他社を相手に仕事を進めるには、他社の人脈に連絡を取り、交渉する必要がある。その際、「誰が当該案件に関してのキーパーソンなのか、その人に対してどのような提案を行なえば事態が進展するのか」という類いの情報が大変重要なはずだ。

ところで、このような人脈情報は、これまで組織全体として共有するというよりは、個人個人の資産であった。

苦労して築き上げた人脈を、やすやすと人に教えるはずがない。教えてしまっては、そのネットワークを利用されてしまう。そうなれば、組織のなかでの自分の価値を維持できないからだ。

もちろん、そんなことをしていては、組織全体としての効率は上がらない。しかし、大組織のなかにいる人は、普通、組織の存続について考えることはあまりない。むしろ、そのなかでの自分の地位のほうが、遥かに重要と意識される。少なくとも、高度成長期の日本の大組織においては、そう考えられるのが普通のことだった。

家族的集団でなく蛸壺型組織だった日本の大企業

以上で述べたことは、高度成長期の日本の大企業にはじめて現れた特性ではない。

それは、日本陸軍の特性でもあった。山本七平のいくつかの著作が、このことをビビットに描いている(例えば、『一下級将校の見た帝国陸軍』、文春文庫)。高度成長期の日本においては、大企業が日本陸軍にとって代わったのである。

大企業の顕著な特徴は、社内の他の部署と情報を共有しないだけではなく、お互いに張り合って競争することだ。そして、自分の部局の情報は外に出さない。

日本企業は家族的集団だと、よくいわれる。しかし、これは大いにミスリーディングな表現だと私は思う。実際には、その構成員は、家族のようにすべてを互いに公開するわけではない。これまでの日本型組織は、本当の意味での集団主義的組織ではなかった。それはむしろ「蛸壺型」と表現するほうが適切な組織であった。

蛸壺は、本書の「はじめに」で述べたジリアン・テットの「サイロ」と同じものではないが、似ている(テットが『サイロ・エフェクト』で指摘しているのは、高度専門家集団が形成する狭いグループだ。それに対して、蛸壺に閉じこもるのは専門家とは限らない)。「細分化された集団が、他から隔絶されて活動する。組織全体を考えずに自分のことだけを考えて、組織に深刻な状況をもたらす」という意味では共通している。

だが、高度成長期においては、蛸壺組織の欠陥が致命的になることはなかった。それは、経済全体が急速に成長し、多くの組織が同様に成長を続けたからである。高度成長期の日本の大企業は潰れることはなかったのだ。

しかし、このシステムの欠陥は低成長期になると目立つようになる。そして、企業は機能不全に陥る。

なお、こうした問題に直面したのは、日本の企業だけではない。アメリカの伝統的大企業も似た問題に直面した。とくに1980年代にIBMが直面したのは、まさにそのような問題であった。

日本の企業人の意識に本質的な変化？

ところが、以上で述べた日本企業の状況は、変わりつつあるのかもしれない。先日、名刺管理サービスを提供するSansan株式会社の人から、つぎのような話を聞いた。

同社が提供するシステムを導入すると、社員の名刺情報を社員全員が共有できる（例えば、社長が名刺交換した相手を平社員でも見ることができる。もちろん、実際にはすべての情報が共有されるわけではなく、一定の制約がかけられる）。そのシステムを導入する企業が増えているというのである。

私は、これに新鮮なショックを受けた。すでに述べたような理解では、日本企業の体質は、そうしたシステムの導入を拒絶するはずだ。「仮にそのようなシステムを導入しようとしても、人脈を個人の重要な個人資産と考えている人が、それを社内に公開するはずはない。ましてや、社長が自ら名刺交換した相手を平社員に公開するはずがない」ということになる。

このシステムを導入する会社が増えているという事実は、日本の企業人の意識に本質的な変化が起こりつつあることを示すものではあるまいか？

自分が持っている人脈情報は、自分だけで秘匿するのでなく、他の人にも使ってもらう。私が一方的に他の人に情報を与えるのではない。他の人の人脈情報も私が使う。このようなオープンな仕組みをつくることによって、お互いが利益を得る。

もし、日本の組織人がそのような方向に考え方を変えているのであれば、それはきわめて大きな変化だ。

第4章の6で述べたように、これまでの日本企業は、オープンイノベーションに対応できなかった。これは、自社のなかに研究者を囲い込んで研究開発を行なうのではなく、外部から広くアイデアを募集するなどして、社外との連携を積極活用する方式だ。企業人の意識の変化なしには実現できないことだ。苦労して開発した技術を他社にも使わせてしまうなど、従来の日本の蛸壷社会では考えられなかった。しかし、企業人の意識が変化し、日本企業の体質が変われば、日本でもオープンイノベーションを採用する企業が増えてくるかもしれない。

本書の第2章や第4章で述べたのは、高度技術を有する人々に対して、創造的な環境を提供するということである。そのこともちろん必要だが、組織全体が情報共有を行なえるようになれば、新しい性格の組織が形成されるのかもしれない。

なぜこうした変化が起こっているのだろうか？　それは、「どんなに大きな企業であっても、その存続は保障されていない」という認識が広まりつつあるからだろう。

1990年代の金融危機で、それまで潰れないと信じられてきた金融機関が破綻し、高度成長期の大企業不倒神話は崩れた。しかし、このときの銀行の破綻は、80年代後半のバブルという特殊な原因に起因する特殊な現象と考えられたのだろう。

この数年、製造業の大企業の危機が発生している。シャープが経営危機に陥り、最近では東芝さえもが存続の危機にさらされている。ここに至って、企業の継続性に対する信頼は一挙に揺らいでいるのかもしれない。日本の企業人の意識変化は、日本社会の方向づけにも関連する大変興味深い問題だ。それは、人々の働き方にも本質的な影響を及ぼすだろう。

【マ行】

【ヤ行】

【ラ行】

【ワ行】

【タ行】

【ナ行】

【ハ行】

【サ行】

【ア行】

【カ行】

索引

[著者]
野口悠紀雄（のぐち・ゆきお）
1940年東京生まれ。63年東京大学工学部卒業、64年大蔵省入省、72年イェール大学Ph.D.（経済学博士号）を取得。一橋大学教授、東京大学教授、スタンフォード大学客員教授、早稲田大学大学院ファイナンス研究科教授などを経て、2017年9月より早稲田大学ビジネス・ファイナンス研究センター顧問、一橋大学名誉教授。著書に『情報の経済理論』（東洋経済新報社、日経経済図書文化賞）、『財政危機の構造』（東洋経済新報社、サントリー学芸賞）、『バブルの経済学』（日本経済新聞社、吉野作造賞）、『「超」整理法』（中公新書）、『1940年体制』（東洋経済新報社）、近著に『英EU離脱！　日本は円高に対処できるか』『仮想通貨革命』（ダイヤモンド社）、『世界史を創ったビジネスモデル』（新潮選書）、『日本経済入門』（講談社現代新書）、『ブロックチェーン革命』（日本経済新聞出版社）など多数。
◆ウェブサイト：http://www.noguchi.co.jp/

仮想通貨革命で働き方が変わる
――「働き方改革」よりも大切なこと

2017年10月18日　第1刷発行

著　者――野口悠紀雄
発行所――ダイヤモンド社
〒150-8409　東京都渋谷区神宮前6-12-17
http://www.diamond.co.jp/
電話／03･5778･7234（編集）　03･5778･7240（販売）
装丁――――秦浩司（hatagram）
DTP　―――荒川典久
製作進行――ダイヤモンド・グラフィック社
印刷――――八光印刷（本文）・加藤文明社（カバー）
製本――――ブックアート
編集担当――田口昌輝

ISBN 978-4-478-10405-7